Vücudunuzu İyileştiren Anti-İnflamatuar Yemek Tarifleri

Sağlıklı Yaşam İçin Anti-İnflamatuar Beslenmenin Gücü

Aylin Yılmaz

İçindekiler

Kırmızı Soğanlı Baharatlı Brokoli, Karnabahar ve Tofu

Porsiyon: 2

Pişirme Süresi: 25 Dakika

İçindekiler:

2 su bardağı brokoli çiçeği

2 su bardağı karnabahar çiçeği

1 orta boy kırmızı soğan, doğranmış

3 yemek kaşığı sızma zeytinyağı

1 çay kaşığı tuz

¼ çay kaşığı taze çekilmiş karabiber

1 kiloluk sert tofu, 1 inçlik zarlar halinde kesilmiş

1 diş sarımsak, kıyılmış

1 (¼ inç) parça taze zencefil, kıyılmış

Talimatlar:

1. Fırını 400°F'ye ısıtın.

2. Brokoli, karnabahar, soğan, yağ, tuz ve karabiberi geniş kenarlı bir fırın tepsisine alıp iyice karıştırın.

3. Sebzeler yumuşayana kadar 10 ila 15 dakika kavurun.

4. Tofu, sarımsak ve zencefili ekleyin. 10 dakika içinde kızartın.

5. Tofuyu sebzelerle birleştirmek için fırın tepsisindeki malzemeleri hafifçe karıştırın ve servis yapın.

<u>Beslenme Bilgisi:</u>Kalori 210 Toplam Yağ: 15g Toplam Karbonhidrat: 11g Şeker: 4g Lif: 4g Protein: 12g Sodyum: 626mg

Fasulye ve Somon Tava Porsiyonu: 4

Pişirme Süresi: 25 Dakika

İçindekiler:

1 su bardağı konserve siyah fasulye, süzülmüş ve durulanmış 4 diş sarımsak, kıyılmış

1 sarı soğan, doğranmış

2 yemek kaşığı zeytinyağı

4 somon filetosu, kemiksiz

½ çay kaşığı kişniş, öğütülmüş

1 çay kaşığı zerdeçal tozu

2 domates, küp

½ su bardağı tavuk suyu

Bir tutam tuz ve karabiber

½ çay kaşığı kimyon tohumu

1 yemek kaşığı kişniş, kıyılmış

Talimatlar:

1. Bir tavayı orta ateşte yağ ile ısıtın, soğan ve sarımsağı ekleyin ve 5 dakika soteleyin.

2. Balığı ekleyin ve her iki tarafını 2 dakika kızartın.

3. Fasulyeleri ve diğer malzemeleri ekleyin, hafifçe karıştırın ve 10 dakika daha pişirin.

4. Karışımı tabaklara paylaştırın ve öğle yemeği için hemen servis yapın.

Beslenme Bilgisi:kalori 219, yağ 8, lif 8, karbonhidrat 12, protein 8

Havuç Çorbası Porsiyonu: 4

Pişirme Süresi: 40 Dakika

İçindekiler:

1 su bardağı Balkabağı, doğranmış

1 yemek kaşığı. Zeytin yağı

1 yemek kaşığı. Zerdeçal tozu

14 ons Hindistan cevizi sütü, hafif

3 su bardağı havuç, doğranmış

1 Pırasa, durulanmış ve dilimlenmiş

1 yemek kaşığı. Rendelenmiş zencefil

3 su bardağı Sebze Suyu

1 bardak Rezene, doğranmış

Tuz ve Biber, tatmak için

2 diş Sarımsak, kıyılmış

Talimatlar:

1. Bir Hollanda fırınını orta-yüksek ateşte ısıtarak başlayın.

2. Bunun için yağı kaşıkla ekleyin ve ardından rezene, kabak, havuç ve pırasa ile karıştırın. İyice karıştırın.

3. Şimdi 4 ila 5 dakika veya yumuşayana kadar soteleyin.

4. Sonra üzerine zerdeçal, zencefil, biber ve sarımsağı ekleyin. 1 ila 2 dakika daha pişirin.

5. Ardından üzerine suyu ve hindistancevizi sütünü dökün. İyi birleştirin.

6. Bundan sonra karışımı kaynatın ve Hollandalı fırını kapatın.

7. 20 dakika kaynamaya bırakın.

8. Pişirdikten sonra, karışımı yüksek hızlı bir karıştırıcıya aktarın ve 1 ila 2 dakika veya kremsi pürüzsüz bir çorba elde edene kadar karıştırın.

9. Baharatı kontrol edin ve gerekirse daha fazla tuz ve karabiber ekleyin.

Beslenme Bilgisi:Kalori: 210.4KcalProteinler: 2.11gKarbohidratlar: 25.64gYağ: 10.91g

Sağlıklı Makarna Salata Porsiyonu: 6

Pişirme Süresi: 10 Dakika

İçindekiler:

1 paket glutensiz düdüklü makarna

1 su bardağı üzüm domates, dilimlenmiş

1 avuç taze kişniş, doğranmış

1 bardak zeytin, yarıya

1 su bardağı taze fesleğen, doğranmış

½ su bardağı zeytinyağı

tatmak için deniz tuzu

Talimatlar:

1. Zeytinyağı, kıyılmış fesleğen, kişniş ve deniz tuzunu birlikte çırpın.

Kenara koyun.

2. Makarnayı paketteki talimatlara göre pişirin, süzün ve durulayın.

3. Makarnayı domates ve zeytinlerle birleştirin.

4. Zeytinyağı karışımını ekleyin ve iyice karışana kadar karıştırın.

<u>Beslenme Bilgisi:</u>Toplam Karbonhidratlar 66g Diyet Lifi: 5g Protein: 13g
Toplam Yağ: 23g Kalori: 525

Nohut Köri Porsiyonu: 4 ila 6

Pişirme Süresi: 25 Dakika

İçindekiler:

2 × 15 ons Nohut, yıkanmış, süzülmüş ve pişirilmiş 2 yemek kaşığı. Zeytin yağı

1 yemek kaşığı. Zerdeçal tozu

½ 1 Soğan, doğranmış

1 çay kaşığı. Cayenne, topraklı

4 diş sarımsak, kıyılmış

2 çay kaşığı Biber tozu

15 ons Domates püresi

Karabiber, gerektiği kadar

2 yemek kaşığı. Salça

1 çay kaşığı. Cayenne, topraklı

½ yemek kaşığı Akçaağaç şurubu

½ / 15 ons. Hindistan cevizi sütü konservesi

2 çay kaşığı kimyon, öğütülmüş

2 çay kaşığı Füme Kırmızı Biber

Talimatlar:

1. Büyük bir tavayı orta-yüksek ateşte ısıtın. Bunun için yağı kaşıkla.

2. Yağ kızınca soğanı ilave edin ve 3-4

dakika veya yumuşayana kadar.

3. Ardından içine salçayı, akçaağaç şurubunu, tüm baharatları, domates püresini ve sarımsağı ekleyin. İyice karıştırın.

4. Ardından haşlanmış nohudu, hindistan cevizi sütü, karabiber ve tuzu ekleyin.

5. Şimdi, her şeyi iyice karıştırın ve 8 ila 10 dakika kaynamaya bırakın.

dakika veya kalınlaşana kadar.

6. Üzerine limon suyu gezdirin ve istenirse kişnişle süsleyin.

Beslenme Bilgisi:Kalori: 224KcalProteinler: 15.2gKarbohidratlar: 32.4gYağ: 7.5g

Kıyma Stroganof Malzemeler:

1 lb yağsız kıyma

1 küçük kuru soğan

1 diş kıyılmış sarımsak

3/4 lb yeni kesilmiş mantar

3 yemek kaşığı un

2 su bardağı et suyu

tatmak için biber ve tuz

2 çay kaşığı Worcestershire sosu

3/4 su bardağı keskin krema

2 yemek kaşığı yeni maydanoz

Talimatlar:

1. Koyu renkli öğütülmüş hamburger, soğan ve sarımsak (üstten bir yere ayırmamaya özen göstererek) bir tabağa pembeliği kalmayıncaya kadar. Kanal şişman.

2. Kesilmiş mantarları ekleyin ve 2-3 dakika pişirin. Unu karıştırın ve kademeli olarak 1 dakika pişirin.

3. Et suyu, Worcestershire sosu, tuz ve karabiberi ekleyin ve kaynama noktasına kadar ısıtın. Sıcaklığı azaltın ve düşük 10 dakikada güveç yapın.

Yumurtalı erişteleri paket başlıklarında belirtildiği gibi pişirin.

4. Et karışımını ocaktan alın, keskin krema ve maydanozla karıştırın.

5. Yumurtalı erişte üzerinde servis yapın.

Şımarık Kısa Kaburga Porsiyon: 4

Pişirme Süresi: 65 Dakika

İçindekiler:

2 lbs. sığır shortribs

1 ½ çay kaşığı zeytinyağı

1 ½ yemek kaşığı soya sosu

1 yemek kaşığı Worcestershire sosu

1 yemek kaşığı stevia

1 ¼ bardak doğranmış soğan.

1 çay kaşığı kıyılmış sarımsak

1/2 su bardağı kırmızı şarap

⅓ fincan ketçap, şekersiz

Tatmak için tuz ve karabiber

Talimatlar:

1. Kaburgaları 3 parçaya bölün ve karabiber ve tuzla ovun.

2. Instant Pot'a yağı ekleyin ve Sote'ye basın.

3. Kaburgaları yağa koyun ve her yüzünü 5 dakika kızartın.

4. Soğanı atın ve 4 dakika soteleyin.

5. Sarımsağı ilave edin ve 1 dakika pişirin.

6. Kalan malzemeleri bir kapta çırpın ve kaburgaların üzerine dökün.

7. Basınçlı kapağını kapatıp Manuel modda Yüksek basınçta 55 dakika pişirin.

8. Bittiğinde, basıncı doğal olarak serbest bırakın ve ardından kapağı çıkarın.

9. Sıcak servis yapın.

<u>Beslenme Bilgisi:</u>Kalori 555, Karbonhidrat 12,8 gr, Protein 66,7 gr, Yağ 22,3 gr, Lif 0,9 gr

Tavuk ve Glutensiz Erişte Çorbası Porsiyon: 4

Pişirme Süresi: 25 Dakika

İçindekiler:

¼ su bardağı sızma zeytinyağı

¼ inçlik dilimler halinde kesilmiş 3 kereviz sapı

2 orta boy havuç, ¼ inç zar şeklinde kesilmiş

1 küçük soğan, ¼ inçlik zarlar halinde kesin

1 taze biberiye dalı

4 su bardağı tavuk suyu

8 ons glütensiz penne

1 çay kaşığı tuz

¼ çay kaşığı taze çekilmiş karabiber

2 su bardağı küp doğranmış tavuk döner

¼ fincan ince kıyılmış taze düz yapraklı maydanoz<u>Talimatlar:</u>

1. Yağı büyük bir tencerede yüksek ateşte ısıtın.

2. Kerevizi, havucu, soğanı ve biberiyeyi koyun ve yumuşayana kadar 5 ila 7 dakika soteleyin.

3. Et suyu, penne, tuz ve karabiberi ekleyip kaynatın.

4. Penne yumuşayana kadar 8 ila 10 dakika pişirin ve pişirin.

5. Biberiye dalını çıkarıp atın ve tavuğu ve maydanozu ekleyin.

6. Isıyı en aza indirin. 5 dakika içinde pişirin ve servis yapın.

<u>Beslenme Bilgisi:</u>Kalori 485 Toplam Yağ: 18g Toplam Karbonhidrat: 47g Şeker: 4g Lif: 7g Protein: 33g Sodyum: 1423mg

Mercimek Köri Porsiyonu: 4

Pişirme Süresi: 40 Dakika

İçindekiler:

2 çay kaşığı Hardal tohumu

1 çay kaşığı. Zerdeçal, topraklanmış

1 su bardağı mercimek, ıslatılmış

2 çay kaşığı Kimyon tohumları

1 Domates, büyük ve doğranmış

1 Sarı Soğan, ince dilimlenmiş

4 su bardağı Su

Gerektiğinde Deniz Tuzu

2 adet yarım ay şeklinde doğranmış havuç

3 avuç ıspanak yaprağı, kıyılmış

1 çay kaşığı. Zencefil, kıyılmış

½ çay kaşığı. Biber tozu

2 yemek kaşığı. Hindistancevizi yağı

Talimatlar:

1. Önce maş fasulyesini ve suyu orta-yüksek ateşteki derin bir tencereye koyun.

2. Şimdi fasulye karışımını kaynatın ve kaynamaya bırakın.

3. 20 ila 30 dakika içinde veya maş fasulyesi yumuşayana kadar pişirin.

4. Ardından, büyük bir tencerede hindistancevizi yağını orta ateşte ısıtın ve hardal tohumu ile kimyon tohumunu ekleyin.

5. Hardal tohumları patlarsa soğanları koyun. 4 soğanı kavurun

dakika veya yumuşayana kadar.

6. Sarımsağı ekleyin ve 1 dakika daha sotelemeye devam edin.

Aromatik hale geldikten sonra üzerine zerdeçal ve pul biber ekleyin.

7. Ardından havuç ve domatesi ekleyin—6 dakika veya yumuşayana kadar pişirin.

8. Son olarak üzerine haşlanmış mercimekleri ekleyin ve her şeyi güzelce karıştırın.

9. Ispanak yapraklarını ilave edin ve solana kadar soteleyin. Ateşten alın. Sıcak servis yapın ve tadını çıkarın.

<u>Beslenme Bilgisi:</u>Kalori 290Kcal Proteinler: 14g Karbonhidratlar: 43g Yağ: 8g

Tavuk ve Bezelye Tavada Kızartma Porsiyon: 4

Pişirme Süresi: 10 Dakika

İçindekiler:

1 ¼ su bardağı kemiksiz derisiz tavuk göğsü, ince dilimlenmiş 3 yemek kaşığı taze kişniş, doğranmış

2 yemek kaşığı bitkisel yağ

2 yemek kaşığı susam

1 demet taze soğan, ince dilimlenmiş

2 çay kaşığı Sriracha

2 diş sarımsak, kıyılmış

2 yemek kaşığı pirinç sirkesi

1 dolmalık biber, ince dilimlenmiş

3 yemek kaşığı soya sosu

2½ su bardağı bezelye

Tuz, tatmak

Tatmak için taze çekilmiş karabiber

Talimatlar:

1. Yağı bir tavada orta ateşte ısıtın. Sarımsak ve ince dilimlenmiş taze soğan ekleyin. Bir dakika pişirin ve ardından dolmalık biberle birlikte 2 ½ su bardağı bezelye ekleyin. Yumuşayana kadar pişirin, sadece yaklaşık 3-4 dakika.

2. Tavuğu ekleyin ve yaklaşık 4-5 dakika veya tamamen pişene kadar pişirin.

3. 2 çay kaşığı Sriracha, 2 yemek kaşığı susam, 3

yemek kaşığı soya sosu ve 2 yemek kaşığı pirinç sirkesi. İyi kombine olana kadar her şeyi atın. 2-3 dakika kısık ateşte pişirin.

4. 3 yemek kaşığı kıyılmış kişniş ekleyin ve iyice karıştırın. Gerekirse ekstra susam ve kişniş serpin ve serpin. Eğlence!

<u>Beslenme Bilgisi:</u>228 kalori 11 gr yağ 11 gr toplam karbonhidrat 20 gr protein

Hamsi Bademli Sulu Brokoli Porsiyon: 6

Pişirme Süresi: 10 Dakika

İçindekiler:

2 demet brokoli, doğranmış

1 yemek kaşığı sızma zeytinyağı

1 uzun taze kırmızı biber, çekirdekleri çıkarılmış, ince kıyılmış 2 diş sarımsak, ince dilimlenmiş

¼ fincan doğal badem, iri kıyılmış

2 çay kaşığı limon kabuğu, ince rendelenmiş

Bir sıkma limon suyu, taze

4 adet yağda hamsi, doğranmış

Talimatlar:

1. Yağı büyük bir tencerede kızana kadar ısıtın. Süzülmüş hamsi, sarımsak, kırmızı biber ve limon kabuğunu ekleyin. Aromatik olana kadar pişirin, 30 için

saniye, sık sık karıştırarak. Badem ekleyin ve sık sık karıştırarak bir dakika daha pişirmeye devam edin. Ateşten alın ve bir miktar taze limon suyu ekleyin.

2. Ardından brokolini, içinde kaynayan su bulunan bir tencerenin üzerine yerleştirilmiş buharlı pişirme sepetine koyun. Üzerini örtün ve gevrekleşene kadar 2 kişilik pişirin

3 dakikaya kadar. İyice süzün ve ardından büyük boy bir servis tabağına aktarın. Badem karışımı ile doldurun. Eğlence.

<u>Beslenme Bilgisi:</u>kcal 350 Yağ: 7 gr Lif: 3 gr Protein: 6 gr

Shiitake ve Ispanaklı Börek Porsiyonu: 8

Pişirme Süresi: 15 Dakika

İçindekiler:

1 ½ bardak shiitake mantarı, kıyılmış

1 ½ su bardağı ıspanak, doğranmış

3 diş sarımsak, kıyılmış

2 soğan, kıyılmış

4 çay kaşığı zeytin yağı

1 yumurta

1 ½ su bardağı kinoa, pişmiş

1 ½ çay kaşığı. İtalyan baharatı

1/3 su bardağı kavrulmuş ayçekirdeği, öğütülmüş

1/3 bardak Pecorino peyniri, rendelenmiş

Talimatlar:

1. Zeytinyağını bir tencerede ısıtın. Sıcakken, shiitake mantarlarını 3 dakika veya hafifçe kızarana kadar soteleyin. İçerisine sarımsak ve soğanı ekleyin. 2 dakika veya kokulu ve yarı saydam olana kadar soteleyin. Kenara koyun.

2. Aynı tencerede kalan zeytinyağını ısıtın. Ispanağı ekleyin. Isıyı azaltın, ardından 1 dakika pişirin, süzün ve bir süzgeçe aktarın.

3. Ispanakları ince ince doğrayın ve mantarlı karışıma ekleyin. Ispanak karışımına yumurta ekleyin. Pişmiş kinoayı İtalyan baharatıyla tatlandırın ve iyice birleşene kadar karıştırın. Ayçekirdeği ve peynir serpin.

4. Ispanak karışımını köftelere ayırın—Köfteleri 5 dakika içinde pişirin.

dakika veya sert ve altın kahverengi olana kadar. Hamburger ekmeği ile servis yapın.

Beslenme Bilgisi:Kalori 43 Karbonhidrat: 9g Yağ: 0g Protein: 3g

Brokoli Karnabahar Salatası Porsiyon: 6

Pişirme Süresi: 20 Dakika

İçindekiler:

¼ çay kaşığı. Karabiber, öğütülmüş

3 su bardağı karnabahar çiçeği

1 yemek kaşığı. Sirke

1 çay kaşığı. Bal

8 su bardağı Karalahana, doğranmış

3 su bardağı Brokoli Çiçeği

4 yemek kaşığı Sızma zeytinyağı

½ çay kaşığı. Tuz

1 ½ çay kaşığı. Dijon hardalı

1 çay kaşığı. Bal

½ su bardağı Kiraz, kurutulmuş

1/3 su bardağı pekan cevizi, kıyılmış

1 bardak Manchego peyniri, traşlanmış

Talimatlar:

1. Fırını 450 ° F'ye ısıtın ve orta rafa bir fırın tepsisi yerleştirin.

2. Daha sonra karnabahar ve brokoli çiçeklerini geniş bir kaseye koyun.

3. Bunun için tuzun yarısını, iki yemek kaşığı sıvı yağı ve karabiberi ekleyin. İyi at.

4. Şimdi karışımı önceden ısıtılmış fırın tepsisine aktarın ve arada bir çevirerek 12 dakika pişirin.

5. Yumuşak ve altın rengi bir hal alınca fırından çıkarın ve tamamen soğumaya bırakın.

6. Bu arada kalan iki yemek kaşığı sıvı yağ, sirke, bal, hardal ve tuzu başka bir kapta karıştırın.

7. Bu karışımı lahana yapraklarının üzerine ellerinizle yapraklara mesaj göndererek sürün. 3 ila 5 dakika bir kenara koyun.

8. Son olarak kavrulmuş sebzeleri, peyniri, vişneleri ve cevizleri brokoli-karnabahar salatasına ekleyin.

Beslenme Bilgisi:Kalori: 259KcalProteinler: 8.4gKarbohidratlar: 23.2gYağ: 16.3g

Chinese Touch Porsiyonlu Tavuk Salatası: 3

Pişirme Süresi: 25 Dakika

İçindekiler:

1 orta boy yeşil soğan (ince dilimlenmiş)

2 kemiksiz tavuk göğsü

2 yemek kaşığı Soya sosu

¼ çay kaşığı beyaz biber

1 yemek kaşığı susam yağı

4 su bardağı marul (doğranmış)

1 su bardağı lahana (kıyılmış)

¼ Fincan küçük küp havuç

¼ su bardağı ince dilimlenmiş badem

¼ fincan erişte (sadece servis için)

Çin Sosunu Hazırlamak İçin:

1 diş kıyılmış sarımsak

1 Çay kaşığı soya sosu

1 yemek kaşığı susam yağı

2 yemek kaşığı Pirinç sirkesi

1 yemek kaşığı şeker

Talimatlar:

1. Tüm malzemeleri bir kasede çırparak Çin sosu hazırlayın.

2. Tavuk göğüslerini bir kapta sarımsak, zeytinyağı, soya sosu ve beyaz biberle 20 dakika marine edin.

3. Pişirme kabını önceden ısıtılmış fırına (225C'de) yerleştirin.

4. Tavuk göğüslerini fırın tepsisine koyun ve yaklaşık 20 derece pişirin.

dakika.

5. Salatayı hazırlamak için marul, lahana, havuç ve yeşil soğanı karıştırın.

6. Servis için bir tabağa bir parça tavuk koyun ve üzerine salatayı koyun. Erişetelerin yanında üzerine biraz sos dökün.

<u>Beslenme Bilgisi:</u>Kalori 130 Karbonhidrat: 10g Yağ: 6g Protein: 10g

Amaranth Ve Quinoa Biber Dolması Porsiyon: 4

Pişirme Süresi: 1 Saat 10 Dakika

İçindekiler:

2 yemek kaşığı Amaranth

1 orta boy kabak, ayıklanmış, rendelenmiş

2 adet domates, doğranmış

2/3 su bardağı (yaklaşık 135 gr) kinoa

1 soğan, orta boy, ince kıyılmış

2 diş ezilmiş sarımsak

1 çay kaşığı öğütülmüş kimyon

2 yemek kaşığı hafif kızartılmış ayçekirdeği 75 gr ricotta peyniri, taze

2 yemek kaşığı kuş üzümü

4 kırmızı biber, büyük, uzunlamasına ikiye bölünmüş ve çekirdekleri çıkarılmış 2 yemek kaşığı düz yapraklı maydanoz, kabaca doğranmışTalimatlar:

1. Tercihen büyük boyutlu bir fırın tepsisine biraz pişirme kağıdı (yapışmaz) serin ve ardından fırınınızı önceden 350 F'ye ısıtın. Orta boy bir tencereye yaklaşık yarım litre su doldurun ve ardından amaranth ve kinoayı ekleyin; orta ateşte kaynatın. Bittiğinde, ısıyı düşük seviyeye indirin; örtün ve taneler dişe dönene ve su emilene kadar 12 ila 15 dakika kaynamaya bırakın

dakika. Ateşten alın ve kenara koyun.

2. Bu arada, büyük boy bir kızartma tavasını hafifçe yağlayın ve orta ateşte ısıtın. Sıcakken, kabak ile soğanı ekleyin ve sık sık karıştırarak birkaç dakika yumuşayana kadar pişirin. Kimyon ve sarımsağı ekleyin; dakika pişirin. Ateşten alın ve soğumaya bırakın.

3. Tahılları, soğan karışımını, ayçekirdeği, kuş üzümü, maydanoz, ricotta ve domatesi tercihen büyük boy bir karıştırma kabına koyun; malzemeleri iyice birleşene kadar iyice karıştırın - tadına göre biber ve tuz ekleyin.

4. Biberleri hazırlanmış kinoa karışımıyla doldurun ve tepsiye dizin, tepsiyi alüminyum folyo ile kaplayın—17 ila 20 arası pişirin

dakika. Folyoyu çıkarın ve iç malzeme altın rengine dönene ve sebzeler yumuşayana kadar 15 ila 20 dakika daha pişirin.

Beslenme Bilgisi:kcal 200 Yağ: 8,5 gr Lif: 8 gr Protein: 15 gr

Çıtır Peynir Kabuklu Balık Fileto Porsiyon: 4

Pişirme Süresi: 10 Dakika

İçindekiler:

¼ su bardağı tam buğday unu

¼ bardak Parmesan peyniri, rendelenmiş

¼ çay kaşığı deniz tuzu ¼ çay kaşığı karabiber

1 yemek kaşığı. zeytinyağı 4 adet tilapia filetosu

Talimatlar:

1. Fırını 375°F'ye ısıtın.

2. Galeta unu, Parmesan peyniri, tuz, karabiber ve zeytinyağını bir karıştırma kabında karıştırın.

3. Tamamen karışana kadar iyice karıştırın.

4. Filetoları karışımla kaplayın ve her birini hafifçe püskürtülmüş bir fırın tepsisine dizin.

5. Sayfayı fırına yerleştirin.

6. Filetolar pişene ve kahverengimsi bir renk alana kadar 10 dakika pişirin.

<u>Beslenme Bilgisi:</u>Kalori: 255 Yağ: 7 gr Protein: 15,9 gr Karbonhidrat: 34 gr Lif: 2,6 gr

Protein Gücü Fasulyeleri ve Yeşil Doldurulmuş Kabuklar

İçindekiler:

Gerçek veya okyanus tuzu

Zeytin yağı

12 ons demet tür büyüklüğünde kabuklar (yaklaşık 40) 1 lb katılaşmış bölünmüş ıspanak

2 ila 3 diş sarımsak, soyulmuş ve bölünmüş

15 ila 16 ons. ricotta çedar (ideal olarak tam yağlı/tam yağlı süt) 2 yumurta

1 kutu beyaz fasulye (örneğin cannellini), suyu alınmış ve yıkanmış

½ C yeşil pesto, ısmarlama veya yerel olarak satın alınmış Öğütülmüş kara biber

3 C (veya daha fazla) marinara sosu

Öğütülmüş parmesan veya pecorino çedar (isteğe bağlı)<u>Talimatlar:</u>

1. Her halükarda 5 litre suyu devasa bir tencerede kaynama noktasına kadar ısıtın (veya iki küçük küme halinde çalışın). Bir çorba kaşığı tuz, bir tutam zeytinyağı ve kabukları ekleyin. Kabukları izole tutmak için ara sıra karıştırarak yaklaşık 9 dakika (veya son derece hareketsiz bir şekilde

sertleşene kadar) kabarcıklayın. Kabukları bir kevgir içinde nazikçe yönlendirin veya açık bir kaşıkla sudan alın. Soğuk suyla hızlıca yıkayın. Çerçeveli bir ısıtma tabakasını streç filmle kaplayın. Kabuklar başa çıkmak için yeterince soğuduğunda, bunları elle ayırın, fazla suyu boşaltın ve tabaka kabın üzerinde tek bir tabaka halinde açın. Pratik olarak soğuduktan sonra aşamalı olarak plastik sargı ile yayın.

2. Benzer bir tencerede bir baloncuğa birkaç litre su getirin (veya boşaltmadıysanız kalan makarna suyunu kullanın). Katılaşmış ıspanağı ekleyin ve yumuşayana kadar yüksekte üç dakika pişirin. Boşluklar büyükse, ıspanağı kanalize edin. Doldurmaya başlarken daha fazla tüketmek için kevgiri bir kasenin üzerine yerleştirin.

3. Bir gıda işlemcisine sadece sarımsağı ekleyin ve iyice parçalanıp kenarlara yapışana kadar çalıştırın. Kasenin kenarlarını kazıyın, bu noktada ricotta, yumurta, fasulye, pesto, 1½ ekleyin.

çay kaşığı tuz ve birkaç tutam biber (büyük bir sıkma). Kalan suyu iyice boşaltmak için ıspanağı avucunuza bastırın, ardından gıda işlemcisindeki diğer bileşenlere ekleyin. Pürüzsüz olana kadar çalıştırın, birkaç küçük ıspanak hala fark edilebilir. Çiğ yumurtayı ekledikten sonra tatmamaya eğilimliyim, ancak temel tadının biraz olduğunu düşünüyorsanız ve aromayı tadına göre değiştirirseniz.

4. Izgarayı 350 (F)'ye önceden ısıtın ve 9 x 13" duş alın veya hafifçe yağlayın

tava, ek olarak daha küçük bir gulaş tabağı (kabukların yaklaşık 8 ila 10'u 9 x 13'e sığmaz). Kabukları doldurmak için, baskın olmayan elinizin başparmağı ve işaret parmağıyla açık tutarak her bir kabuğu sırayla alın. Diğer elinizle doldurarak 3 ila 4 yemek kaşığı alın ve kabuğa kazıyın. Bunların çoğu harika görünmeyecek, ki bu sorun değil! Hazır kapta birbirine yakın doldurulmuş kabukları noktalayın. Sosu kabukların üzerine dökün, yeşil dolgunun parçalarını belirgin bırakın. Kabı engelleyici ile yayın ve 30 dakika hazırlayın. Sıcaklığı 375 (F)'ye yükseltin, kabukları biraz öğütülmüş parmesan serpin (kullanılıyorsa) ve 5 dakika daha ısıtın.

Kaşar eriyene ve bol rutubet azalana kadar 10 dakikaya kadar.

5. 5 ila 10 dakika soğutun, ardından tek başına veya sonradan akla gelen taze bir tabak karışık yeşillikle servis yapın!

Asya Erişte Salatası

8 ons uzunluğunda hafif tam buğday makarna eriştesi — örneğin, spagetti (glütensiz yapmak için soba eriştesi kullanın) 24 ons Mann's Broccoli Cole Slaw — 2 12 ons çuval 4 ons öğütülmüş havuç

1/4 su bardağı sızma zeytinyağı

1/4 su bardağı pirinç sirkesi

3 yemek kaşığı nektar - sebze sever yapmak için hafif agav nektarı kullanın

3 yemek kaşığı pürüzsüz fındık kreması

2 yemek kaşığı düşük sodyum soya sosu - gerekirse glütensiz 1 yemek kaşığı Sriracha biber sosu - veya sarımsaklı şili sosu, ayrıca damak tadınıza göre ekstra

1 yemek kaşığı kıyılmış yeni zencefil

2 çay kaşığı kıyılmış sarımsak - yaklaşık 4 diş 3/4 su bardağı kavrulmuş tuzsuz yer fıstığı, - genellikle doğranmış 3/4 su bardağı yeni kişniş - ince kıyılmış

Talimatlar:

1. Büyük bir tencerede tuzlu suyu kaynama noktasına kadar ısıtın. Paket başlıklarına göre erişteleri biraz sertleşene kadar pişirin. Fazla nişastayı boşaltmak ve pişirmeyi durdurmak için hızlı bir şekilde soğuk suyla yıkayın ve

yıkayın, ardından büyük bir servis kasesine geçin. Brokoli lahana salatası ve havuç ekleyin.

2. Makarna pişerken zeytinyağı, pirinç sirkesi, nektar, ceviz ezmesi, soya sosu, Sriarcha, zencefil ve sarımsağı birlikte çırpın. Erişte karışımının üzerine dökün ve birleştirmek için fırlatın. Fıstık ve kişniş ekleyin ve tekrar fırlatın. İsteğe göre ekstra Sriracha sosuyla soğutulmuş veya oda sıcaklığında servis yapın.

3. Formül Notları

4. Asya Erişte Salatası soğuk veya oda sıcaklığında servis edilebilir.

Soğutucuda su/hava geçirmez bir kapta 3 gün kadar saklayın.

Somon ve Taze Fasulye Porsiyonu: 4

Pişirme Süresi: 26 Dakika

İçindekiler:

2 yemek kaşığı zeytinyağı

1 sarı soğan, doğranmış

4 somon filetosu, kemiksiz

1 bardak yeşil fasulye, kesilmiş ve yarıya bölünmüş

2 diş sarımsak, kıyılmış

½ su bardağı tavuk suyu

1 çay kaşığı pul biber

1 çay kaşığı tatlı kırmızı biber

Bir tutam tuz ve karabiber

1 yemek kaşığı kişniş, kıyılmış

Talimatlar:

1. Bir tavayı orta ateşte yağ ile ısıtın, soğanı ekleyin, karıştırın ve 2 dakika soteleyin.

2. Balığı ekleyin ve her iki tarafını 2 dakika kızartın.

3. Malzemelerin geri kalanını ekleyin, hafifçe karıştırın ve her şeyi 360 derece F'de 20 dakika pişirin.

4. Her şeyi tabaklara bölün ve öğle yemeği için servis yapın.

<u>Beslenme Bilgisi:</u>kalori 322, yağ 18.3, lif 2, karbonhidrat 5.8, protein 35.7

Peynirli Dolma Tavuk Malzemeler:

2 yeşil soğan (yetersiz kesilmiş)

2 tohumlanmış jalapeno (yetersiz kesilmiş)

1/4 c. Kişniş

1 çay kaşığı. misket limonu

115 gram. Monterey Jack çedar (iri çekilmiş) 4 küçük kemiksiz, derisiz tavuk göğsü

3 yemek kaşığı zeytin yağı

Tuz

Biber

3 yemek kaşığı misket limonu suyu

2 adet sivri biber (ince doğranmış)

1/2 küçük kırmızı soğan (yetersiz kesilmiş)

5 c. parçalanmış marul

Talimatlar:

1. Piliçleri 450°F'ye ısıtın. Kasede taze soğanları ve tohumlanmış jalapeño'ları, 1/4 su bardağı kişniş (parçalanmış) ve misket limonu toplayın, ardından Monterey Jack çedar ile fırlatın.

2. Bıçağı kemiksiz, derisiz tavuk göğüslerinin her birinin en kalın parçasına yerleştirin ve deneyimlemeden akla gelebilecek kadar geniş 2 1/2 inçlik cep yapmak için ileri geri hareket ettirin. Tavukları cheddar karışımı ile doldurun.

3. Orta ateşte büyük bir tavada 2 yemek kaşığı zeytinyağını ısıtın.

Tavuğu tuz ve karabiberle baharatlayın ve 1 tarafı parlak koyulaşana kadar 3 ila 4 dakika pişirin. Tavuğu ters çevirin ve 10 ila 12 dakika pişene kadar kızartın.

4. Bu arada, büyük bir kapta limon suyunu, 1

yemek kaşığı zeytinyağı ve 1/2 çay kaşığı tuz. Zencefilli biberleri ve kırmızı soğanı ekleyin ve ara sıra savurarak 10 dakika bekletin. Marul ve 1 su bardağı yeni kişniş ile fırlatın. Tavuk ve limon dilimleri ile sunun.

Gorgonzola Soslu Roka Porsiyon: 4

Pişirme Süresi: 0 Dakika

İçindekiler:

1 demet temizlenmiş roka

1 armut, ince dilimlenmiş

1 yemek kaşığı taze limon suyu

1 diş sarımsak, ezilmiş

1/3 bardak Gorgonzola peyniri, ufalanmış

1/4 su bardağı sebze suyu, azaltılmış sodyum

Taze kara biber

4 çay kaşığı zeytinyağı

1 yemek kaşığı elma sirkesi

Talimatlar:

1. Armut dilimlerini ve limon suyunu bir kaba koyun. Kaplamak için atın.

Armut dilimlerini roka ile birlikte bir tabağa dizin.

2. Bir kapta sirke, yağ, peynir, et suyu, biber ve sarımsağı birleştirin. 5 dakika bekletin, sarımsakları çıkarın. Pansumanı koyun, sonra servis yapın.

<u>Beslenme Bilgisi:</u>Kalori 145 Karbonhidrat: 23 gr Yağ: 4 gr Protein: 6 gr

Lahana Çorbası Porsiyon: 6

Pişirme Süresi: 35 Dakika

İçindekiler:

1 sarı soğan, doğranmış

1 yeşil lahana başı, kıyılmış

2 yemek kaşığı zeytinyağı

5 su bardağı sebze suyu

1 havuç, soyulmuş ve rendelenmiş

Bir tutam tuz ve karabiber

1 yemek kaşığı kişniş, kıyılmış

2 çay kaşığı kekik, doğranmış

½ çay kaşığı füme kırmızı biber

½ çay kaşığı acı biber

1 yemek kaşığı limon suyu

Karnabahar Pirinç Porsiyonu: 4

Pişirme Süresi: 10 Dakika

İçindekiler:

¼ fincan Yemeklik Yağ

1 yemek kaşığı. Hindistancevizi yağı

1 yemek kaşığı. hindistan cevizi şekeri

4 su bardağı Karnabahar, çiçeklerine ayrılmış ½ çay kaşığı. Tuz

Talimatlar:

1. Öncelikle karnabaharı mutfak robotunda 1-2 dakika çekin.

2. Yağı büyük bir tavada orta ateşte ısıtın, ardından tavaya haşlanmış karnabaharı, hindistancevizi şekerini ve tuzu ekleyin.

3. İyice birleştirin ve 4 ila 5 dakika veya karnabahar hafifçe yumuşayana kadar pişirin.

4. Son olarak hindistan cevizi sütünü dökün ve afiyetle yiyin.

<u>Beslenme Bilgisi:</u>Kalori 108Kcal Proteinler:27.1g Karbonhidratlar: 11g Yağ: 6g

Feta Frittata & Ispanak Porsiyonu: 4

Pişirme Süresi: 10 Dakika

İçindekiler:

½ küçük kahverengi soğan

250 gr bebek ıspanak

½ su bardağı beyaz peynir

1 yemek kaşığı sarımsak ezmesi

4 çırpılmış yumurta

Baharat Karışımı

Damak zevkine göre Tuz ve Karabiber

1 yemek kaşığı zeytinyağı

Talimatlar:

1. İnce ince doğradığınız soğanı sıvı yağa ekleyin ve orta ateşte kavurun.

2. Açık kahverengi soğanlara ıspanak ekleyin ve 2 dakika çevirin.

3. Yumurtaların içine soğuk ıspanak ve soğan karışımını ekleyin.

4. Şimdi sarımsak ezmesi, tuz ve karabiber ekleyin ve karışımı karıştırın.

5. Bu karışımı kısık ateşte pişirin ve yumurtaları hafifçe karıştırın.

6. Yumurtaların üzerine beyaz peynir ekleyin ve tavayı önceden ısıtılmış ızgaranın altına yerleştirin.

7. Frittata kahverengi olana kadar neredeyse 2 ila 3 dakika pişirin.

8. Bu beyaz frittatayı sıcak veya soğuk olarak servis edin.

<u>Beslenme Bilgisi:</u>Kalori 210 Karbonhidrat: 5 gr Yağ: 14 gr Protein: 21 gr

Fiery Chicken Pot Etiketleri İçindekiler:

1 kiloluk öğütülmüş tavuk

1/2 su bardağı kıyılmış lahana

1 havuç, soyulmuş ve yok edilmiş

2 diş sarımsak, sıkılmış

2 yeşil soğan, yetersiz kesilmiş

1 yemek kaşığı azaltılmış sodyum soya sosu

1 yemek kaşığı hoisin sosu

1 yemek kaşığı doğal öğütülmüş zencefil

2 çay kaşığı susam yağı

1/4 çay kaşığı öğütülmüş beyaz biber

36 won tonluk paketleyiciler

2 yemek kaşığı bitkisel yağ

ACI BİBER YAĞLI SOSU İÇİN:

1/2 su bardağı bitkisel yağ

1/4 su bardağı kurutulmuş kırmızı biber, ezilmiş

2 diş sarımsak, kıyılmış

Talimatlar:

1. Bitkisel yağı küçük bir tavada orta ateşte ısıtın. Yağ yaklaşık 8-10 dakika 180 derece F'ye ulaşana kadar sık sık karıştırarak ezilmiş biberleri ve sarımsağı ekleyin; güvenli bir yere koyun.

2. Geniş bir kapta tavuk, lahana, havuç, sarımsak, yeşil soğan, soya sosu, kuru üzüm sosu, zencefil, susam yağı ve beyaz biberi karıştırın.

3. Köfteleri toplamak için, bir çalışma yüzeyine ambalaj kağıdı koyun.

Her paketin odak noktasına 1 yemek kaşığı tavuk karışımı koyun. Parmağınızı kullanarak kağıtların kenarlarını suyla ovun. Yarım ay şekli vermek için karışımı dolgunun üzerine katlayın, mühürlemek için kenarlarını sıkın.

4. Bitkisel yağı büyük bir tavada orta ateşte ısıtın.

Tencere çıkartmalarını tek bir katmana koyun ve parlak ve taze olana kadar her bir taraf için yaklaşık 2-3 dakika pişirin.

5. Sıcak güveç yağı sosuyla hemen servis yapın.

Rendelenmiş Karnabahar Porsiyonlu Sarımsaklı Karides: 2

Pişirme Süresi: 15 Dakika

İçindekiler:

Karides Hazırlamak İçin

1 Pound Karides

2-3 yemek kaşığı Cajun baharatı

Tuz

1 yemek kaşığı Tereyağı

Karnabahar Ezmesi Hazırlamak İçin

2 yemek kaşığı Tereyağı

12 ons Karnabahar

1 diş sarımsak

tatmak için tuz

Talimatlar:

1. Karnabahar ve sarımsağı 8 ons suda yumuşayana kadar orta ateşte kaynatın.

2. Yumuşak karnabaharı tereyağı ile mutfak robotunda karıştırın. Doğru kıvam için yavaş yavaş buhar suyu ekleyin.

3. Karideslerin üzerine 2 yemek kaşığı Cajun çeşnisi serpin ve marine edin.

4. Büyük bir tavaya 3 yemek kaşığı sıvı yağ alın ve karidesleri orta ateşte pişirin.

5. Büyük bir kaşık karnabahar ezmesini kaseye koyun ve üzerini kızartılmış karideslerle doldurun.

<u>Beslenme Bilgisi:</u>Kalori 107 Karbonhidrat: 1 gr Yağ: 3 gr Protein: 20 gr

Brokoli Ton Balığı Porsiyon: 1

Pişirme Süresi: 10 Dakika

İçindekiler:

1 çay kaşığı. Sızma zeytinyağı

3 oz. Suda ton balığı, tercihen hafif ve iri taneli, süzülmüş 1 yemek kaşığı. Ceviz, iri kıyılmış

2 su bardağı ince doğranmış Brokoli

½ çay kaşığı. Acı sos

Talimatlar:

1. Brokoliyi, baharatları ve ton balığını büyük boy bir karıştırma kabında iyice birleşene kadar karıştırarak başlayın.

2. Ardından sebzeleri fırında 3 dakika veya yumuşayana kadar mikrodalgada pişirin.

3. Daha sonra ceviz ve zeytinyağını kaseye alıp iyice karıştırın.

4. Servis yapın ve tadını çıkarın.

<u>Beslenme Bilgisi:</u>Kalori 259Kcal Proteinler:27.1g Karbonhidratlar: 12.9g Yağ: 12.4g

Karides Porsiyonlu Balkabagi Çorbası: 4

Pişirme Süresi: 20 Dakika

İçindekiler:

3 yemek kaşığı tuzsuz tereyağı

1 küçük kırmızı soğan, ince kıyılmış

1 diş sarımsak, dilimlenmiş

1 çay kaşığı zerdeçal

1 çay kaşığı tuz

¼ çay kaşığı taze çekilmiş karabiber

3 su bardağı sebze suyu

2 su bardağı soyulmuş balkabagi ¼ inçlik zarlar halinde kesilmiş 1 pound pişmiş soyulmuş karides, gerekirse çözülmüş 1 su bardağı şekersiz badem sütü

¼ fincan şeritli badem (isteğe bağlı)

2 yemek kaşığı ince kıyılmış taze düz yapraklı maydanoz 2 çay kaşığı rendelenmiş veya kıyılmış limon kabuğu rendesi

Talimatlar:

1. Tereyağını büyük bir tencerede yüksek ateşte eritin.

2. Soğanı, sarımsağı, zerdeçalı, tuzu ve biberi ekleyin ve sebzeler yumuşak ve yarı saydam olana kadar 5 ila 7 dakika soteleyin.

3. Et suyu ve kabağı ekleyip kaynatın.

4. 5 dakika içinde kaynatın.

5. Karides ve badem sütünü ekleyin ve yaklaşık 2 dakika tamamen ısınana kadar pişirin.

6. Badem (kullanılıyorsa), maydanoz ve limon kabuğu rendesi serpip servis yapın.

Beslenme Bilgisi:Kalori 275 Toplam Yağ: 12g Toplam Karbonhidrat: 12g Şeker: 3g Lif: 2g Protein: 30g Sodyum: 1665mg

Lezzetli Hindi Pişmiş Top Porsiyon: 6

Pişirme Süresi: 30 Dakika

İçindekiler:

1 pound öğütülmüş hindi

½ fincan taze galeta unu, beyaz veya tam buğday ½ fincan Parmesan peyniri, taze rendelenmiş

½ yemek kaşığı. fesleğen, taze doğranmış

½ yemek kaşığı. kekik, taze doğranmış

1 adet büyük yumurta, çırpılmış

1 yemek kaşığı. maydanoz, taze kıyılmış

3 yemek kaşığı süt veya su

Bir tutam tuz ve karabiber

Bir tutam taze rendelenmiş hindistan cevizi

Talimatlar:

1. Fırınınızı 350°F'ye ısıtın.

2. İki fırın tepsisini parşömen kağıdı ile kaplayın.

3. Tüm malzemeleri geniş bir karıştırma kabında karıştırın.

4. Karışımdan 1 inçlik toplar oluşturun ve her bir topu fırın tepsisine yerleştirin.

5. Tavayı fırına koyun.

6. 30 dakika veya hindi iyice pişene ve yüzeyleri kahverengileşene kadar pişirin.

7. Köfteleri pişirmenin yarısında çevirin.

<u>Beslenme Bilgisi:</u>Kalori: 517 CalFat: 17,2 g Protein: 38,7 g Karb: 52,7 gLif: 1 g

Berrak İstiridye Çorbası Porsiyonları: 4

Pişirme Süresi: 15 Dakika

İçindekiler:

2 yemek kaşığı tuzsuz tereyağı

2 orta boy havuç, ½ inçlik parçalar halinde kesilmiş

2 kereviz sapı, ince dilimlenmiş

1 küçük kırmızı soğan, ¼ inçlik zarlar halinde kesin

2 diş sarımsak, dilimlenmiş

2 su bardağı sebze suyu

1 (8 ons) şişe istiridye suyu

1 (10 ons) midye konservesi

½ çay kaşığı kuru kekik

½ çay kaşığı tuz

¼ çay kaşığı taze çekilmiş karabiber

Talimatlar:

1. Tereyağını büyük bir tencerede yüksek ateşte eritin.

2. Havuç, kereviz, soğan ve sarımsağı ekleyin ve hafifçe yumuşayana kadar 2 ila 3 dakika soteleyin.

3. Et suyunu ve istiridye suyunu ekleyip kaynatın.

4. Havuçlar yumuşayana kadar 3 ila 5 dakika pişirin ve pişirin.

5. İstiridyeleri ve sularını, kekik, tuz ve karabiberi ilave edip 2-3 dakika ısıtın ve servis yapın.

<u>Beslenme Bilgisi:</u>Kalori 156 Toplam Yağ: 7g Toplam Karbonhidrat: 7g Şeker: 3g Lif: 1g Protein: 14g Sodyum: 981mg

Pilav ve Tavuk Tenceresi Porsiyonları: 4

Pişirme Süresi: 25 Dakika

İçindekiler:

1 pound serbest gezinen tavuk göğsü, kemiksiz, derisiz ¼ fincan kahverengi pirinç

¾ lb. tercih edilen mantar, dilimlenmiş

1 pırasa, doğranmış

¼ bardak badem, doğranmış

1 bardak su

1 yemek kaşığı. zeytin yağı

1 su bardağı yeşil fasulye

½ su bardağı elma sirkesi

2 yemek kaşığı. çok amaçlı un

1 bardak süt, az yağlı

¼ fincan Parmesan peyniri, taze rendelenmiş

¼ su bardağı ekşi krema

Bir tutam deniz tuzu, gerekirse daha fazlasını ekleyin

öğütülmüş karabiber, tatmak

Talimatlar:

1. Kahverengi pirinci bir tencereye dökün. Suya ekleyin. Örtün ve kaynatın. Isıyı düşürün, ardından 30 dakika veya pirinç pişene kadar pişirin.

2. Bu arada bir tavaya tavuk göğsünü ekleyin ve üzerini kapatacak kadar su dökün—tuz ekleyin. Karışımı kaynatın, ardından ısıyı azaltın ve 10 dakika kaynamaya bırakın.

3. Tavuğu parçalayın. Kenara koyun.

4. Zeytinyağını ısıtın. Pırasayı yumuşayana kadar pişirin. Mantarlara ekleyin.

5. Elma sirkesini karışıma dökün. Sirke buharlaşana kadar karışımı soteleyin. Tavaya un ve sütü ekleyin.

Parmesan peyniri serpin ve ekşi kremaya ekleyin. Karabiberle tatlandırın.

6. Fırını önceden 350 F'ye ısıtın. Bir güveç kabını sıvı yağ ile hafifçe yağlayın.

7. Güveç kabına önce pişmiş pirinci, ardından kıyılmış tavuk ve yeşil fasulyeyi yayın. Mantar ve pırasa sosu ekleyin.

Üzerine bademleri koyun.

8. 20 dakika içinde veya kızarana kadar pişirin. Servis yapmadan önce soğumaya bırakın.

<u>Beslenme Bilgisi:</u>Kalori 401 Karbonhidrat: 54 gr Yağ: 12 gr Protein: 20 gr

Sote Karides Jambalaya Jumble Porsiyon: 4

Pişirme Süresi: 30 Dakika

İçindekiler:

10 oz. orta boy karides, soyulmuş

¼ fincan kereviz, doğranmış ½ fincan doğranmış soğan

1 yemek kaşığı. sıvı yağ veya tereyağı ¼ çay kaşığı kıyılmış sarımsak

¼ çay kaşığı soğan tuzu veya deniz tuzu

⅓ fincan domates sosu ½ çay kaşığı füme kırmızı biber

½ çay kaşığı Worcestershire sosu

⅔ fincan havuç, doğranmış

1¼ su bardağı tavuk sosis, önceden pişirilmiş ve doğranmış 2 su bardağı mercimek, geceden ıslatılmış ve önceden pişirilmiş 2 su bardağı bamya, doğranmış

Bir tutam ezilmiş kırmızı biber ve karabiber Parmesan peyniri, üzeri için rendelenmiş (isteğe bağlı)<u>Talimatlar:</u>

1. Karides, kereviz ve soğanı sıvı yağ ile orta-yüksek ateşte beş dakika veya karides pembeleşinceye kadar soteleyin.

2. Malzemelerin geri kalanını ekleyin ve 10 dakika daha soteleyin.

dakika veya sebzeler yumuşayana kadar.

3. Servis yapmak için, jambalaya karışımını dört servis kasesine eşit olarak bölün.

4. İstenirse üzerine biber ve peynir ekleyin.

<u>Beslenme Bilgisi:</u>Kalori: 529 Yağ: 17,6 gr Protein: 26,4 gr Karbonhidrat: 98,4 gr Lif: 32,3 gr

Tavuk Biber Porsiyonu: 6

Pişirme Süresi: 1 Saat

İçindekiler:

1 sarı soğan, doğranmış

2 yemek kaşığı zeytinyağı

2 diş sarımsak, kıyılmış

1 kiloluk tavuk göğsü, derisiz, kemiksiz ve küp şeklinde doğranmış 1 yeşil dolmalık biber, doğranmış

2 su bardağı tavuk suyu

1 yemek kaşığı kakao tozu

2 yemek kaşığı pul biber

1 çay kaşığı füme kırmızı biber

1 su bardağı konserve domates, doğranmış

1 yemek kaşığı kişniş, kıyılmış

Bir tutam tuz ve karabiber

Talimatlar:

1. Bir tencereyi orta ateşte yağ ile ısıtın, soğanı ve sarımsağı ekleyin ve 5 dakika soteleyin.

2. Eti ekleyin ve 5 dakika daha kavurun.

3. Malzemelerin geri kalanını ekleyin, karıştırın, orta ateşte 40 dakika pişirin.

4. Acı biberi kaselere bölün ve öğle yemeği için servis yapın.

<u>Beslenme Bilgisi:</u>kalori 300, yağ 2, lif 10, karbonhidrat 15, protein 11

Sarımsak ve Mercimek Çorbası Porsiyon: 4

Pişirme Süresi: 15 Dakika

İçindekiler:

2 yemek kaşığı sızma zeytinyağı

2 orta boy havuç, ince dilimlenmiş

1 küçük beyaz soğan, ¼ inçlik zarlar halinde kesin

2 diş sarımsak, ince dilimlenmiş

1 çay kaşığı öğütülmüş tarçın

1 çay kaşığı tuz

¼ çay kaşığı taze çekilmiş karabiber

3 su bardağı sebze suyu

1 (15 ons) konserve mercimek, süzülmüş ve durulanmış 1 yemek kaşığı kıyılmış veya rendelenmiş portakal kabuğu

¼ su bardağı kıyılmış ceviz (isteğe bağlı)

2 yemek kaşığı ince kıyılmış taze düz yapraklı maydanoz<u>Talimatlar:</u>

1. Yağı büyük bir tencerede yüksek ateşte ısıtın.

2. Havuç, soğan ve sarımsağı koyun ve yumuşayana kadar 5 ila 7 kez soteleyin.

dakika.

3. Tarçın, tuz ve karabiberi koyun ve sebzeleri kaplamak için 1 ila 2 dakika eşit şekilde karıştırın.

4. Et suyunu koyun ve kaynatın. Kaynattıktan sonra mercimekleri koyun ve 1 dakika kadar pişirin.

5. Portakal kabuğu rendesini ekleyin ve üzerine ceviz (kullanılıyorsa) ve maydanoz serpiştirerek servis yapın.

<u>Beslenme Bilgisi:</u>Kalori 201 Toplam Yağ: 8g Toplam Karbonhidrat: 22g Şeker: 4g Lif: 8g Protein: 11g Sodyum: 1178mg

Klasik Santa Fe Tavada Kızartılmış Lezzetli Kabak ve Tavuk

Porsiyon: 2

Pişirme Süresi: 15 Dakika

İçindekiler:

1 yemek kaşığı. zeytin yağı

2 adet tavuk göğsü, dilimlenmiş

1 adet soğan, küçük, doğranmış

2 diş sarımsak, kıyılmış 1 adet kabak, doğranmış ½ fincan havuç, kıyılmış

1 çay kaşığı kırmızı biber, tütsülenmiş 1 çay kaşığı kimyon, öğütülmüş

½ çay kaşığı biber tozu ¼ çay kaşığı deniz tuzu

2 yemek kaşığı. taze limon suyu

¼ fincan kişniş, taze doğranmış

Servis yaparken esmer pirinç veya kinoa

Talimatlar:

1. Tavuğu zeytinyağı ile yaklaşık 3 dakika, tavuklar kahverengileşinceye kadar soteleyin. Kenara koyun.

2. Aynı tavayı kullanın ve soğan ve sarımsağı ekleyin.

3. Soğan yumuşayana kadar pişirin.

4. Havuç ve kabağı ekleyin.

5. Karışımı karıştırın ve yaklaşık bir dakika daha pişirin.

6. Tüm baharatları karışıma ekleyin ve karıştırarak bir dakika daha pişirin.

7. Tavuğu wok'a geri koyun ve limon suyunu dökün.

8. Her şey pişene kadar karıştırarak pişirin.

9. Servis etmek için, karışımı pişmiş pirinç veya kinoanın üzerine koyun ve üzerine taze kıyılmış kişniş ekleyin.

<u>Beslenme Bilgisi:</u>Kalori: 191 Yağ: 5,3 gr Protein: 11,9 gr Karbonhidrat: 26,3 gr Lif: 2,5 gr

Müthiş Zencefilli Susam Salatası ile Tilapia Tacos

Porsiyon: 4

Pişirme Süresi: 5 Saat

İçindekiler:

1 çay kaşığı taze zencefil, rendelenmiş

Tatlandırmak için tuz ve taze çekilmiş karabiber 1 çay kaşığı stevia

1 yemek kaşığı soya sosu

1 yemek kaşığı zeytinyağı

1 yemek kaşığı limon suyu

1 yemek kaşığı sade yoğurt

1½ lb tilapia filetosu

1 su bardağı lahana salatası karışımı

Talimatlar:

1. Hazır tencereyi açın, tilapia filetosu ve lahana salatası karışımı hariç tüm malzemeleri içine ekleyin ve iyice birleşene kadar karıştırın.

2. Ardından filetoları ekleyin, iyice kaplanana kadar fırlatın, kapağı kapatın,

'yavaş pişirme' düğmesine basın ve filetoları yarısında çevirerek 5 saat
pişirin.

3. Bittiğinde filetoları bir tabağa aktarın ve tamamen soğumaya bırakın.

4. Yemek hazırlamak için, lahana salatası karışımını dört hava geçirmez kap
arasında dağıtın, tilapia ekleyin ve üç güne kadar buzdolabında saklayın.

5. Yemeye hazır olduğunuzda, tilapia'yı mikrodalgada sıcak olana kadar
tekrar ısıtın ve ardından lahana salatası ile servis edin.

<u>Beslenme Bilgisi:</u>Kalori 278, Toplam Yağ 7,4 gr, Toplam Karbonhidrat 18,6 gr,
Protein 35,9 gr, Şeker 1,2 gr, Lif 8,2 gr, Sodyum 194 mg

Körili Mercimek Yahni Porsiyon: 4

Pişirme Süresi: 15 Dakika

İçindekiler:

1 yemek kaşığı zeytinyağı

1 soğan, doğranmış

2 diş sarımsak, kıyılmış

1 yemek kaşığı organik köri çeşnisi

4 su bardağı organik düşük sodyumlu sebze suyu 1 su bardağı kırmızı mercimek

2 su bardağı balkabağı, pişmiş

1 su bardağı lahana

1 çay kaşığı zerdeçal

tatmak için deniz tuzu

Talimatlar:

1. Zeytinyağını soğan ve sarımsağı geniş bir tencerede orta ateşte soteleyin, ekleyin. 3 dakika soteleyin.

2. Organik köri çeşnisini, sebze suyunu ve mercimeği ekleyin ve kaynatın—
10 dakika pişirin.

3. Pişmiş Balkabagi ve lahanayı karıştırın.

4. Tatmak için zerdeçal ve deniz tuzu ekleyin.

5. Sıcak servis yapın.

Beslenme Bilgisi:Toplam Karbonhidratlar 41g Diyet Lifi: 13g Protein: 16g
Toplam Yağ: 4g Kalori: 252

Izgara Tavuk Dürümlü Kale Sezar Salata

Porsiyon: 2

Pişirme Süresi: 20 Dakika

İçindekiler:

6 su bardağı kıvırcık lahana, küçük, ısırık büyüklüğünde parçalar halinde kesilmiş ½ kodlanmış yumurta; pişmiş

8 ons ızgara tavuk, ince dilimlenmiş

½ çay kaşığı Dijon hardalı

¾ fincan Parmesan peyniri, ince kıyılmış

öğütülmüş karabiber

koşer tuzu

1 diş sarımsak, kıyılmış

1 su bardağı çeri domates, dörde bölünmüş

1/8 su bardağı limon suyu, taze sıkılmış

2 büyük ekmeği veya iki lavaş ekmeği

1 çay kaşığı agav veya bal

1/8 su bardağı zeytinyağı

Talimatlar:

1. Pişmiş yumurtanın yarısını büyük boy bir karıştırma kabında hardal, kıyılmış sarımsak, bal, zeytinyağı ve limon suyuyla birleştirin. Pansuman kıvamına gelene kadar çırpın. Biber ve tuzla tatlandırın.

2. Çeri domatesleri, tavuğu ve lahanayı ekleyin; sosla güzelce kaplanana kadar hafifçe fırlatın ve ardından ¼ fincan parmesan ekleyin.

3. Bazlamaları yayın ve hazırlanan salatayı dürümlerin üzerine eşit şekilde dağıtın; her birine yaklaşık ¼ fincan parmesan serpin.

4. Sardığınız yufkaları sarıp ortadan ikiye kesin. Hemen servis yapın ve tadını çıkarın.

Beslenme Bilgisi:kcal 511 Yağ: 29 gr Lif: 2,8 gr Protein: 50 gr

Ispanak Fasulye Salatası Porsiyonu: 1

Pişirme Süresi: 5 Dakika

İçindekiler:

1 su bardağı taze ıspanak

¼ su bardağı konserve siyah fasulye

½ su bardağı konserve nohut

½ su bardağı cremini mantarı

2 yemek kaşığı organik balzamik sos 1 yemek kaşığı zeytinyağı

Talimatlar:

1. Cremini mantarlarını zeytinyağı ile kısık, orta ateşte 5 dakika hafifçe kızarana kadar pişirin.

2. Taze ıspanağı bir tabağa alıp üzerine fasulye, mantar ve balzamik sos ekleyerek salatayı hazırlayın.

Beslenme Bilgisi:Toplam Karbonhidratlar 26g Diyet Lifi: 8g Protein: 9g Toplam Yağ: 15g Kalori: 274

Cevizli ve Biberiyeli Kabuklu Somon Porsiyon: 6

Pişirme Süresi: 20 Dakika

İçindekiler:

1 diş kıyılmış sarımsak

1 yemek kaşığı Dijon hardalı

¼ yemek kaşığı limon kabuğu rendesi

1 yemek kaşığı limon suyu

1 yemek kaşığı taze biberiye

1/2 yemek kaşığı Bal

Zeytin yağı

Taze maydanoz

3 yemek kaşığı kıyılmış ceviz

1 Pound derisiz somon

1 yemek kaşığı taze ezilmiş kırmızı biber

Tuz biber

Garnitür için limon dilimleri

3 yemek kaşığı Panko galeta unu

1 yemek kaşığı sızma zeytinyağı

Talimatlar:

1. Fırın tepsisini fırına yayın ve 240C'de önceden ısıtın.

2. Bir kapta hardal ezmesi, sarımsak, tuz, zeytinyağı, bal, limon suyu, kırmızı biber, biberiye, irin balı karıştırın.

3. Panko, ceviz ve yağı birleştirin ve fırın tepsisine ince balık dilimi yayın. Balığın her iki tarafına eşit miktarda zeytinyağı püskürtün.

4. Somonun üzerine cevizli karışımı, üzerine hardallı karışımı yerleştirin.

5. Somonu yaklaşık 12 dakika pişirin. Üzerini taze maydanoz ve limon dilimleri ile süsleyip sıcak olarak servis yapın.

<u>Beslenme Bilgisi:</u>Kalori 227 Karbonhidrat: 0g Yağ: 12g Protein: 29g

Kırmızı Tahin Soslu Fırında Tatlı Patates

Porsiyon: 4

Pişirme Süresi: 30 Dakika

İçindekiler:

15 ons Konserve Nohut

4 orta boy tatlı patates

½ yemek kaşığı zeytinyağı

1 tutam tuz

1 yemek kaşığı limon suyu

1/2 yemek kaşığı kimyon, kişniş ve kırmızı biber tozu Sarımsak Otlu Sos için

¼ su bardağı tahin sosu

½ yemek kaşığı Limon Suyu

3 diş sarımsak

tatmak için tuz

Talimatlar:

1. Fırını 204°C'de önceden ısıtın. Nohutları tuz, baharatlar ve zeytinyağına atın. Onları folyo tabakasına yayın.

2. Tatlı patates ince dilimlerini yağlayın ve marine edilmiş fasulyelerin üzerine koyun ve pişirin.

3. Sos için tüm malzemeyi bir kapta karıştırın. İçine biraz su ekleyin, ancak koyu tutun.

4. Tatlı patatesleri 25 dakika sonra fırından çıkarın.

5. Bu pişmiş tatlı patates nohut salatasını sıcak sarımsaklı sos ile süsleyin.

<u>Beslenme Bilgisi:</u>Kalori 90 Karbonhidrat: 20g Yağ: 0g Protein: 2g

İtalyan Yaz Squash Çorbası Porsiyon: 4

Pişirme Süresi: 15 Dakika

İçindekiler:

3 yemek kaşığı sızma zeytinyağı

1 küçük kırmızı soğan, ince dilimlenmiş

1 diş sarımsak, kıyılmış

1 su bardağı rendelenmiş kabak

1 su bardağı rendelenmiş sarı kabak

½ su bardağı rendelenmiş havuç

3 su bardağı sebze suyu

1 çay kaşığı tuz

2 yemek kaşığı ince kıyılmış taze fesleğen

1 yemek kaşığı ince kıyılmış taze kişniş

2 yemek kaşığı çam fıstığı

Talimatlar:

1. Yağı büyük bir tencerede yüksek ateşte ısıtın.

2. Soğanı ve sarımsağı koyun ve yumuşayana kadar 5 ila 7 dakika soteleyin.

3. Kabağı, sarı kabağı ve havucu ekleyin ve yumuşayana kadar 1 ila 2 dakika soteleyin.

4. Et suyu ve tuzu ekleyip kaynatın. 1 ila 2 dakika içinde kaynatın.

5. Fesleğen ve frenk soğanı ilave edin ve çam fıstığı serperek servis yapın.

<u>Beslenme Bilgisi:</u>Kalori 172 Toplam Yağ: 15g Toplam Karbonhidrat: 6g Şeker: 3g Lif: 2g Protein: 5g Sodyum: 1170mg

Safran ve Somon Çorbası Porsiyon: 4

Pişirme Süresi: 20 Dakika

İçindekiler:

¼ su bardağı sızma zeytinyağı

2 pırasa, sadece beyaz kısımları, ince dilimlenmiş

2 orta boy havuç, ince dilimlenmiş

2 diş sarımsak, ince dilimlenmiş

4 su bardağı sebze suyu

1 kiloluk derisiz somon filetosu, 1 inçlik parçalar halinde kesilmiş 1 çay kaşığı tuz

¼ çay kaşığı taze çekilmiş karabiber

¼ çay kaşığı safran ipi

2 su bardağı bebek ıspanak

½ bardak sek beyaz şarap

2 yemek kaşığı doğranmış yeşil soğan, hem beyaz hem de yeşil kısımlar 2 yemek kaşığı ince kıyılmış taze düz yapraklı maydanoz<u>Talimatlar:</u>

1. Yağı büyük bir tencerede yüksek ateşte ısıtın.

2. Pırasaları, havuçları ve sarımsağı ekleyin ve yumuşayana kadar 5 ila 7 kez soteleyin.

dakika.

3. Et suyunu koyun ve kaynatın.

4. Somonu, tuzu, karabiberi ve safranı karıştırarak pişirin. Somon tamamen pişene kadar yaklaşık 8 dakika pişirin.

5. Ispanağı, şarabı, yeşil soğanı ve maydanozu ekleyin ve ıspanak soluncaya kadar 1-2 dakika pişirin ve servis yapın.

Beslenme Bilgisi:Kalori 418 Toplam Yağ: 26g Toplam Karbonhidrat: 13g Şeker: 4g Lif: 2g Protein: 29g Sodyum: 1455mg

Tay Aromalı Acı Ekşi Karides Ve Mantar Çorbası

Porsiyon: 6

Pişirme Süresi: 38 Dakika

İçindekiler:

3 yemek kaşığı tuzsuz tereyağı

1 lb karides, soyulmuş ve kabuğu çıkarılmış

2 çay kaşığı kıyılmış sarımsak

1-inç parça zencefil kökü, soyulmuş

1 orta boy soğan, doğranmış

1 kırmızı Tay biberi, doğranmış

1 limon otu sapı

½ çay kaşığı taze limon kabuğu rendesi

5 su bardağı tavuk suyu tatlandırmak için tuz ve taze çekilmiş karabiber

1 yemek kaşığı hindistan cevizi yağı

½ pound cremini mantarı, dilimler halinde dilimlenmiş

1 küçük yeşil kabak

2 yemek kaşığı taze limon suyu

2 yemek kaşığı balık sosu

¼ demet taze Tay fesleğen, doğranmış

¼ demet taze kişniş, doğranmış

Talimatlar:

1. Büyük bir tencereye alın, orta ateşte ısıtın, tereyağı ekleyin ve eriyince karides, sarımsak, zencefil, soğan, acı biber, limon otu ve limon kabuğu rendesini ekleyin, tuz ve karabiber ekleyin ve 3 dakika pişirin.

2. Et suyunu dökün, 30 dakika pişirin ve ardından süzün.

3. Orta ateşte büyük bir tava alın, yağı ekleyin ve sıcakken mantarları ve kabakları ekleyin, tekrar tuz ve karabiber ekleyin ve 3 dakika pişirin.

4. Karides karışımını tavaya ekleyin, 2 dakika pişirin, üzerine limon suyu ve balık sosu gezdirin ve 1 dakika pişirin.

5. Baharatı ayarlamak için tadın, ardından tavayı ocaktan alın, kişniş ve fesleğenle süsleyin ve servis yapın.

Beslenme Bilgisi:Kalori 223, Toplam Yağ 10.2g, Toplam Karbonhidrat 8.7g, Protein 23g, Şeker 3.6g, Sodyum 1128mg

Kurutulmuş Domatesli Orzo Malzemeler:

1 lb kemiksiz derisiz tavuk göğsü, 3/4-inç parçalar halinde doğranmış

1 yemek kaşığı + 1 tatlı kaşığı zeytinyağı

Tuz ve çıtır çıtır çekilmiş karabiber

2 diş sarımsak, kıyılmış

1/4 su bardağı (8 oz) kuru orzo makarna

2 3/4 su bardağı düşük sodyum tavuk suyu, bu noktada daha değişken (sıradan meyve suları kullanmayın, aşırı tuzlu olacaktır) 1/3 su bardağı kuru domates parçaları, otlar ve yağa doldurulmuş (yaklaşık 12 parça. bolluk yağının bir kısmı), bir gıda işlemcisinde ince doğranmış

1/2 - 3/4 su bardağı ince kıyılmış parmesan çedar, tatmak için 1/3 su bardağı bölünmüş gevrek fesleğen

Talimatlar:

1. 1 yemek kaşığı zeytinyağını bir sote kabında orta-yüksek ateşte ısıtın.

2. Parıldayan tavuğu ekleyin, hafifçe tuz ve karabiber ekleyin ve parlak olana kadar yaklaşık 3 dakika pişirin, bu noktada ters taraflara dönün ve parlak koyu renkli olana ve tamamen pişene kadar yaklaşık 3 dakika pişirin. Tavuğu bir tabağa alın, sıcak tutmak için folyo ile yayın.

3. Kalan 1 çay kaşığı zeytinyağını yemeği soteleyin, ardından sarımsağı ekleyin ve 20 saniye veya hafifçe parlaklaşana kadar soteleyin, ardından pişmiş parçaları tava tabanından kazıyarak tavuk sularını dökün.

4. Stoku kaynama noktasına kadar ısıtın, bu noktada orzo makarnayı ekleyin, ısıyı kapaklı orta yayılmış tavaya düşürün ve 5 dakika boyunca hafifçe köpürmesine izin verin, ardından orzo yumuşayana kadar açık, karıştırın ve köpürtmeye devam edin, yaklaşık 5 dakika daha uzun, ara sıra karıştırarak (hala biraz sıvı varsa stres yapmayın, biraz şımarıklık verecektir).

5. Makarna tamamen piştiğinde tavuğu orzo ile fırlatın ve bu noktada ocaktan alın. Parmesan çedarını ekleyin ve eriyene kadar karıştırın, ardından güneşte kurutulmuş domatesleri, fesleğeni ve mevsimi ekleyin.

biber ile (herhangi bir tuza ihtiyaç duymazsınız, ancak ihtiyacınız olduğunu düşünürseniz biraz ekleyin).

6. İstediğiniz zaman inceltmek için daha fazla meyve suyu ekleyin (makarna dinlenirken bol sıvıyı çekecek ve ben biraz fazla ile keyif aldım, bu yüzden biraz daha ekledim). Sıcak servis yapın.

Mantar ve Pancar Çorbası Porsiyon: 4

Pişirme Süresi: 40 Dakika

İçindekiler:

2 yemek kaşığı zeytinyağı

1 sarı soğan, doğranmış

2 pancar, soyulmuş ve büyük küpler halinde kesilmiş

1 kiloluk beyaz mantar, dilimlenmiş

2 diş sarımsak, kıyılmış

1 yemek kaşığı domates salçası

5 su bardağı sebze suyu

1 yemek kaşığı maydanoz, kıyılmış

Talimatlar:

1. Bir tencereyi orta ateşte yağ ile ısıtın, soğanı ve sarımsağı ekleyin ve 5 dakika soteleyin.

2. Mantarları ekleyin, karıştırın ve 5 dakika daha soteleyin.

3. Pancarları ve diğer malzemeleri ekleyin, kaynama noktasına getirin ve ara sıra karıştırarak orta ateşte 30 dakika daha pişirin.

4. Çorbayı kaselere paylaştırın ve servis yapın.

<u>Beslenme Bilgisi:</u>kalori 300, yağ 5, lif 9, karbonhidrat 8, protein 7

Tavuk Parmesan Köfte Malzemeler:

2 pound öğütülmüş tavuk

3/4 su bardağı panko galeta unu glutensiz panko işinizi görecektir 1/4 su bardağı ince kıyılmış soğan

2 yemek kaşığı kıyılmış maydanoz

2 diş kıyılmış sarımsak

1 küçük limon yaklaşık 1 çay kaşığı 2 yumurta

3/4 su bardağı parçalanmış Pecorino Romano veya Parmesan çedar 1 çay kaşığı gerçek tuz

1/2 çay kaşığı keskin öğütülmüş kara biber

1 litre Beş Dakika Marinara Sos

4-6 ons mozzarella çıtır çıtır kesilmiş

Talimatlar:

1. Rafı ızgaranın üst üçte birlik kısmına ayarlayarak ocağı 400 dereceye ısıtın. Büyük bir kapta marinara ve mozzarella dışındaki her şeyi birleştirin. Ellerinizi veya büyük bir kaşığı kullanarak yumuşak bir şekilde birleştirin. Küçük köfteler haline getirin ve şekillendirin ve folyo kaplı bir ısıtma tabakasına yerleştirin. Köfteleri sığdırmak için tabağa gerçekten yakın olacak

şekilde yerleştirin. Her köftenin üzerine yarım yemek kaşığı kadar sos gezdirin. 15 dakika ısıtın.

2. Köfteleri ocaktan alın ve pişirmek için piliç sıcaklığını artırın. Her köftenin üzerine fazladan yarım yemek kaşığı sos dökün ve küçük bir kare mozzarella ile süsleyin. (Hafif kesimleri yaklaşık 1 inç karelik parçalara ayırdım.) Çedar yumuşayana ve parlaklaşana kadar fazladan 3 dakika kavurun. Ekstra sosla birlikte sunun. Takdir!

Köfte Alla Parmigiana Malzemeler:

köfte için

1,5 lb öğütülmüş hamburger (80/20)

2 yemek kaşığı kıyılmış maydanoz

3/4 su bardağı öğütülmüş parmesan çedar

1/2 su bardağı badem unu

2 yumurta

1 tatlı kaşığı fit tuz

1/4 çay kaşığı öğütülmüş kara biber

1/4 çay kaşığı sarımsak tozu

1 tatlı kaşığı kuru soğan damlası

1/4 çay kaşığı kurutulmuş kekik

1/2 bardak ılık su

Parmesan için

1 su bardağı basit keto marinara sosu (veya yerel olarak satın alınan herhangi bir şekersiz marinara)

4 ons mozzarella çedar

Talimatlar:

1. Köfte harcının tamamını büyük bir kapta birleştirin ve iyice karıştırın.

2. On beş 2 "köfte oluşturun.

3. 350 derecede (F) 20 dakika hazırlayın VEYA devasa bir tavada orta ateşte tamamen pişene kadar kızartın. En iyi ipucu - varsa pastırma yağında kızartmayı deneyin - başka bir lezzet derecesi içerir. Fricasseeing, yukarıdaki fotoğraflarda görülen parlak koyu renkli gölgelemeyi üretir.

4. Parmesan için:

5. Pişen köfteleri fırına dayanıklı bir kaba alın.

6. Her köftenin üzerine kabaca 1 yk sos gezdirin.

7. Her birine kabaca 1/4 ons mozzarella çedarını yayın.

8. 350 derecede (F) 20 dakika (köfteler katıysa 40 dakika) veya tamamen ısınana ve çedar mükemmel olana kadar hazırlayın.

9. İstenildiği zaman yeni maydanoz ile süslenir.

Altın Sebzeli Sac Tava Hindi Göğsü

Porsiyon: 4

Pişirme Süresi: 45 Dakika

İçindekiler:

2 yemek kaşığı tuzsuz tereyağı, oda sıcaklığında 1 orta boy bal kabağı, çekirdekleri çıkarılmış ve ince dilimlenmiş 2 büyük altın pancar, soyulmuş ve ince dilimlenmiş ½ orta boy sarı soğan, ince dilimlenmiş

½ kemiksiz, derili hindi göğsü (1 ila 2 pound) 2 yemek kaşığı bal

1 çay kaşığı tuz

1 çay kaşığı zerdeçal

¼ çay kaşığı taze çekilmiş karabiber

1 su bardağı tavuk suyu veya sebze suyu

Talimatlar:

1. Fırını 400°F'ye ısıtın. Fırın tepsisini tereyağı ile yağlayın.

2. Kabak, pancar ve soğanı fırın tepsisine tek kat halinde dizin. Hindiyi derili tarafı yukarı gelecek şekilde koyun. Bal ile gezdirin.

Tuz, zerdeçal ve karabiberle tatlandırın ve et suyunu ekleyin.

3. Anında okunan bir termometre ile hindi merkezde 165°F'ye ulaşana kadar 35 ila 45 dakika kızartın. Çıkarın ve 5 dakika dinlendirin.

4. Dilimleyin ve servis yapın.

<u>Beslenme Bilgisi:</u>Kalori 383 Toplam Yağ: 15g Toplam Karbonhidrat: 25g Şeker: 13g Lif: 3g Protein: 37g Sodyum: 748mg

Hindistan Cevizi Yeşili Körili Haşlanmış Pirinç

Porsiyon: 8

Pişirme Süresi: 20 Dakika

İçindekiler:

2 yemek kaşığı zeytinyağı

12 ons Tofu

2 orta boy tatlı patates (küp şeklinde doğranmış)

tatmak için tuz

314 ons Hindistan cevizi sütü

4 yemek kaşığı Yeşil köri ezmesi

3 Su Bardağı Brokoli Çiçeği

Talimatlar:

1. Tofudaki fazla suyu alın ve orta ateşte kızartın. İçine tuz ekleyip 12 dakika kavurun.

2. Hindistan cevizi sütü, yeşil köri ezmesi ve tatlı patatesi orta ateşte pişirin ve 5 dakika pişirin.

3. Şimdi içine brokoli ve tofu ekleyin ve brokoli rengi değişene kadar yaklaşık 5 dakika pişirin.

4. Bu hindistancevizi ve yeşil köriyi üzerine bir avuç haşlanmış pirinç ve bol kuru üzümle servis edin.

<u>Beslenme Bilgisi:</u>Kalori 170 Karbonhidrat: 34g Yağ: 2g Protein: 3g

Mercimek Porsiyonlu Tatlı Patates ve Tavuk Çorbası: 6

Pişirme Süresi: 35 Dakika

İçindekiler:

10 kereviz sapı

1 adet evde pişirilmiş veya ızgara tavuk

2 orta boy tatlı patates

5 ons Fransız mercimek

2 yemek kaşığı taze limon suyu

½ baş ısırığı büyüklüğünde eskarol

6 diş ince dilimlenmiş sarımsak

Yarım su bardağı dereotu (ince kıyılmış)

1 yemek kaşığı Koşer Tuz

2 yemek kaşığı sızma zeytinyağı

Talimatlar:

1. 8 ons suya tuz, tavuk karkası, mercimek ve tatlı patatesleri ekleyip yüksek ateşte kaynatın.

2. Bu malzemeleri yaklaşık 10-12 dakika pişirin ve üzerindeki tüm köpükleri alın.

3. Sarımsak ve kerevizi yumuşayana kadar yağda yaklaşık 10 dakika pişirin.

& hafif kahverengi, sonra içine kıyılmış kızarmış tavuk ekleyin.

4. Bu karışımı escarole çorbasına ekleyin ve 5 dakika sürekli karıştırın.

orta ateşte dakika.

5. Limon suyunu ekleyin ve dereotu ile karıştırın. Mevsim sıcak çorbayı tuzla servis edin.

<u>Beslenme Bilgisi:</u>Kalori 310 Karbonhidrat: 45 gr Yağ: 11 gr Protein: 13 gr

Köfte Taco Kaseleri Malzemeler:

Köfteler:

1 lb. Yağsız Kıyma (domuz eti, hindi veya tavuk gibi herhangi bir kıyma altı)

1 yumurta

1/4 su bardağı ince kıyılmış Kale veya Maydanoz veya Kişniş gibi gevrek otlar (isteğe bağlı)

1 çay kaşığı Tuz

1/2 çay kaşığı Karabiber

Taco Kaseleri

2 su bardağı Enchilada Sos (ısmarlama sos kullanıyoruz) 16 adet Köfte (üzeri önceden kaydedilmiş)

2 su bardağı Pişmiş Pirinç, beyaz veya koyu renkli

1 Avokado, kesilmiş

1 su bardağı yerel olarak satın alınmış Salsa veya Pico de Gallo 1 su bardağı Rendelenmiş Peynir

1 Jalapeno, zarifçe kesilmiş (isteğe bağlı)

1 yemek kaşığı Kişniş, bölünmüş

1 Kireç, dilimler halinde kesilmiş

Tortilla Cipsi, servis için

Talimatlar:

1. Yapmak/Dondurmak

2. Büyük bir kapta kıyma, yumurta, lahana (kullanılıyorsa), tuz ve karabiberi karıştırın. Eşit bir şekilde konsolide olana kadar ellerinizle karıştırın.

Yaklaşık 1 inç mesafeyle 16 köfte yapın ve folyo ile sabitlenmiş bir tabaka tabağa yerleştirin.

3. Birkaç gün içerisinde kullanılması durumunda 2 gün kadar buzdolabında saklayınız.

4. Donması durumunda köfteler sertleşene kadar sac kabı buzdolabına koyun. Daha soğuk bir çuvala geçin. Köfteler buzdolabında 3-4 ay kadar saklanacaktır.

5. Yemek Yapmak

6. Orta boy bir tencerede enchilada sosunu kısık ateşte pişirin. Köfteleri dahil edin (köfteler önceden buzunu çözdürmek için zorlayıcı bir neden yoktur.

katılaştırılmış). Köfteleri çıtır çıtır olacak şekilde 12 dakika ve katılaştığında 20 dakika pişene kadar haşlayın.

7. Köfteler haşlanırken farklı garnitürler hazırlayın.

8. Köfte ve soslu pirinci, kesilmiş avokado, salsa, çedar, jalapeño dilimleri ve kişniş ile süsleyerek taco kaselerini toplayın. Kireç dilimleri ve tortilla cipsleri ile sunun.

Somon Porsiyonlu Avokado Pesto Zoodles: 4

Pişirme Süresi: 25 Dakika

İçindekiler:

1 yemek kaşığı pesto

1 limon

2 dondurulmuş/taze somon bifteği

1 büyük kabak, spiralize

1 yemek kaşığı karabiber

1 avokado

1/4 bardak parmesan, rendelenmiş

İtalyan baharatı

Talimatlar:

1. Fırını 375 F'ye ısıtın. Somonu İtalyan çeşnisi, tuz ve karabiberle tatlandırın ve 20 dakika pişirin.

2. Avokadoları bir çorba kaşığı biber, limon suyu ve bir çorba kaşığı pesto ile birlikte kaseye ekleyin. Avokadoları ezip bir kenarda bekletin.

3. Kabak eriştelerini servis tabağına alın, ardından avokado karışımı ve somonu ekleyin.

4. Peynir serpin. Gerekirse daha fazla pesto ekleyin. Eğlence!

<u>Beslenme Bilgisi:</u>128 kalori 9,9 gr yağ 9 gr toplam karbonhidrat 4 gr protein

Zerdeçal Baharatlı Tatlı Patates, Elma ve Tavuklu Soğan

Porsiyon: 4

Pişirme Süresi: 45 Dakika

İçindekiler:

2 yemek kaşığı oda sıcaklığında tuzsuz tereyağı 2 orta boy tatlı patates

1 büyük Granny Smith elması

1 orta boy soğan, ince dilimlenmiş

4 kemikli, derili tavuk göğsü

1 çay kaşığı tuz

1 çay kaşığı zerdeçal

1 çay kaşığı kuru adaçayı

¼ çay kaşığı taze çekilmiş karabiber

1 bardak elma şarabı, beyaz şarap veya tavuk suyu<u>Talimatlar:</u>

1. Fırını 400°F'ye ısıtın. Fırın tepsisini tereyağı ile yağlayın.

2. Tatlı patatesleri, elmayı ve soğanı tek kat halinde fırın tepsisine dizin.

3. Tavuğu derisi yukarı gelecek şekilde koyun ve tuz, zerdeçal, adaçayı ve karabiberle tatlandırın. Şarabı ekleyin.

4. 35 ila 40 dakika arasında kızartın. Çıkarın, 5 dakika dinlendirin ve servis yapın.

<u>Beslenme Bilgisi:</u>Kalori 386 Toplam Yağ: 12g Toplam Karbonhidrat: 26g Şeker: 10g Lif: 4g Protein: 44g Sodyum: 932mg

Kurutulmuş Otlu Somon Biftek Porsiyonu: 4

Pişirme Süresi: 5 Dakika

İçindekiler:

1 lb. somon biftek, durulanmış 1/8 çay kaşığı kırmızı biber 1 çay kaşığı acı biber

½ çay kaşığı kimyon

2 diş sarımsak, kıyılmış

1 yemek kaşığı zeytinyağı

¾ çay kaşığı tuz

1 çay kaşığı taze çekilmiş karabiber

Talimatlar:

1. Fırını 350 derece F'ye ısıtın.

2. Bir kapta acı biber, pul biber, kimyon, tuz ve karabiberi karıştırın. Kenara koyun.

3. Somon bifteğinin üzerine zeytinyağı gezdirin. Her iki tarafa da sürtün. Sarımsak ve hazırlanan baharat karışımını ovalayın. 10 dakika bekletin.

4. Tatların birbirine karışmasını bekledikten sonra fırına dayanıklı bir tava hazırlayın.

Zeytinyağını ısıtın. Sıcakken, somonu her iki tarafta 4 dakika baharatlayın.

5. Tavayı fırının içine aktarın. 10 dakika pişirin. Sert.

<u>Beslenme Bilgisi:</u>Kalori 210 Karbonhidrat: 0g Yağ: 14g Protein: 19g

Tofu ve İtalyan Baharatlı Yaz Sebzeleri

Porsiyon: 4

Pişirme Süresi: 20 Dakika

İçindekiler:

¼ inçlik dilimler halinde kesilmiş 2 büyük kabak

2 büyük yaz kabağı, ¼ inç kalınlığında dilimler halinde kesilmiş 1 kiloluk sert tofu, 1 inç zarlar halinde kesilmiş

1 su bardağı sebze suyu veya su

3 yemek kaşığı sızma zeytinyağı

2 diş sarımsak, dilimlenmiş

1 çay kaşığı tuz

1 çay kaşığı İtalyan bitki çeşni karışımı

¼ çay kaşığı taze çekilmiş karabiber

1 yemek kaşığı ince dilimlenmiş taze fesleğen

Talimatlar:

1. Fırını 400°F'ye ısıtın.

2. Kabak, kabak, soya peyniri, et suyu, yağ, sarımsak, tuz, İtalyan baharat karışımı ve karabiberi geniş kenarlı bir fırın tepsisinde birleştirin ve iyice karıştırın.

3. 20 dakika içinde kızartın.

4. Üzerine fesleğen serpip servis yapın.

<u>Beslenme Bilgisi:</u>Kalori 213 Toplam Yağ: 16g Toplam Karbonhidrat: 9g Şeker: 4g Lif: 3g Protein: 13g Sodyum: 806mg

Çilek ve Keçi Peynirli Salata Malzemeler:

1 kiloluk gevrek çilek, doğranmış

İsteğe bağlı: Tatlandırmak için 1 ila 2 çay kaşığı nektar veya akçaağaç şurubu

1 yemek kaşığı sızma zeytinyağı

1 yemek kaşığı kalın balzamik sirke*

½ çay kaşığı Maldon lapa lapa okyanus tuzu veya yetersiz ¼

çay kaşığı ince okyanus tuzu

Gevrek çekilmiş kara biber

Talimatlar:

1. Doğranmış çilekleri orta boy bir servis tabağına veya sığ bir servis kasesine yayın. Çilekler tam olarak istediğiniz kadar tatlı değilse, biraz nektar veya akçaağaç şurubu ile fırlatın.

2. Parçalanmış keçi kaşarını çileklerin üzerine serpin ve ardından doğranmış fesleğeni ekleyin. Üzerine zeytinyağı ve balzamik sirkeyi gezdirin.

3. Karışık yeşilliklerle dolu tabağı tuz, birkaç parça çıtır çıtır çekilmiş karabiber ve ayıklanmış fesleğen yapraklarıyla parlatın. En mükemmel sunum için karışık yeşillik tabağını hızlıca servis edin.

Artıklar, buzdolabında yaklaşık 3 gün boyunca iyi durumda kalacaktır.

Zerdeçallı Karnabahar ve Morina Güveci

Porsiyon: 4

Pişirme Süresi: 30 Dakika

İçindekiler:

½ pound karnabahar çiçeği

1 kiloluk morina filetosu, kemiksiz, derisiz ve küp şeklinde doğranmış 1 yemek kaşığı zeytinyağı

1 sarı soğan, doğranmış

½ çay kaşığı kimyon tohumu

1 yeşil biber, doğranmış

¼ çay kaşığı toz zerdeçal

2 domates doğranmış

Bir tutam tuz ve karabiber

½ su bardağı tavuk suyu

1 yemek kaşığı kişniş, kıyılmış

Talimatlar:

1. Bir tencereyi orta ateşte yağ ile ısıtın, soğan, kırmızı biber, kimyon ve zerdeçal ekleyin, karıştırın ve 5 dakika pişirin.

2. Karnabaharı, balığı ve diğer malzemeleri ekleyin, karıştırın ve orta ateşte 25 dakika daha pişirin.

3. Yahniyi kaselere bölüştürün ve servis yapın.

<u>Beslenme Bilgisi:</u>kalori 281, yağ 6, lif 4, karbonhidrat 8, protein 12

Ceviz ve Kuşkonmazlı Lokum Porsiyonu: 4

Pişirme Süresi: 5 Dakika

İçindekiler:

1 ve ½ yemek kaşığı zeytinyağı

¾ pound kuşkonmaz, kesilmiş

¼ fincan ceviz, kıyılmış

Ayçekirdeği ve tatmak için biber

Talimatlar:

1. Bir tavayı orta ateşte ısıtın ve zeytinyağını ekleyin ve ısınmasını sağlayın.

2. Kuşkonmaz ekleyin, 5 dakika kızarana kadar soteleyin.

3. Ayçekirdeği ve karabiber serpin.

4. Isıyı çıkarın.

5. Cevizleri ekleyin ve fırlatın.

Beslenme Bilgisi:Kalori: 124 Yağ: 12 gr Karbonhidratlar: 2 gr Protein: 3 gr

Alfredo Kabak Makarna Malzemeler:

2 orta boy spiral kabak

1-2 TB Vegan Parmesan (isteğe bağlı)

Hızlı Alfredo Sos

1/2 su bardağı ham kaju fıstığı, birkaç saat veya 10 dakika kaynayan suda ıslatılmış

2 TB limon suyu

3 TB besleyici maya

2 çay kaşığı beyaz miso (tamari, soya sosu veya hindistancevizi aminosu olabilir)

1 tatlı kaşığı soğan tozu

1/2 çay kaşığı sarımsak tozu

1/4-1/2 su bardağı su

Talimatlar:

1. Kabak erişetelerini spiralleyin.

2. Tüm alfredo malzemelerini hızlı bir karıştırıcıya ekleyin (1/4 bardak su ile başlayarak) ve pürüzsüz olana kadar karıştırın. Sosunuzun çok koyu olması

durumunda, aradığınız kıvamı elde edene kadar bir defada bir çorba kaşığı kadar su ilave edin.

3. Alfredo soslu kabak erişetelerini ve isterseniz biraz vejetaryen arabası.

Quinoa Hindi Tavuğu Malzemeler:

1 su bardağı kinoa, yıkanmış

3-1/2 su bardağı izole edilmiş su

1/2 kiloluk yağsız öğütülmüş hindi

1 büyük tatlı soğan, doğranmış

1 orta boy tatlı kırmızı biber, doğranmış

4 diş sarımsak, kıyılmış

1 yemek kaşığı kuru fasulye tozu

1 yemek kaşığı öğütülmüş kimyon

1/2 çay kaşığı öğütülmüş tarçın

2 kavanoz (her biri 15 ons) kuru fasulye, yıkanmış ve tükenmiş 1 kutu (28 ons) ezilmiş domates

1 orta boy kabak, dilimlenmiş

adobo soslu 1 chipotle biber, doğranmış

1 yemek kaşığı adobo sosu

1 yaprak daralır

1 çay kaşığı kurutulmuş kekik

1/2 çay kaşığı tuz

1/4 çay kaşığı biber

1 su bardağı katılaştırılmış mısır, çözülmüş

1/4 su bardağı kıyılmış gevrek kişniş

İsteğe bağlı garnitürler: Küp şeklinde avokado, yok edilmiş Monterey Jack çedar

Talimatlar:

1. Devasa bir tavada kinoayı ve 2 su bardağı suyu kaynama noktasına kadar ısıtın. Isıyı azaltın; yayın ve 12-15 dakika veya su kalana kadar güveç yapın. Sıcaktan çıkarın; çatalla hafifletin ve güvenli bir yere koyun.

2. Ardından, pişirme duşu ile kaplı devasa bir tavada hindi, soğan, kırmızı biber ve sarımsağı orta ateşte et bir daha asla pembeleşinceye ve sebzeler yumuşayana kadar pişirin; kanal. Fasulye yahni tozu, kimyon ve tarçınla karıştırın; 2 dakika daha pişirin.

İstediğiniz zaman, isteğe bağlı garnitürlerle sunun.

3. Kara fasulye, domates, kabak, chipotle biber, adobo sosu, sağlam yaprak, kekik, tuz, karabiber ve kalan suyu ekleyin.

Kaynama noktasına kadar ısıtın. Isıyı azaltın; 30 için yayıldı ve güveç dakika. Mısır ve kinoayı karıştırın; ısıtın. Daralan yaprağı atın; kişniş ile karıştırın. İstediğiniz gibi isteğe bağlı sabitlemelerle sunun.

4. Dondurma alternatifi: Soğutulmuş güveci daha soğuk bölmelerde dondurun.

Kullanmak için buzdolabında orta vadede eksik çözün. Arada bir karıştırarak bir tencerede ısıtın; hayati ise meyve suları veya su ekleyin.

Sarımsaklı ve Kabak Erişte Porsiyonu: 4

Pişirme Süresi: 15 Dakika

İçindekiler:

Sos Hazırlamak İçin

¼ bardak hindistan cevizi sütü

6 Büyük tarihler

2/3 gr Öğütülmüş hindistan cevizi

6 diş sarımsak

2 yemek kaşığı zencefil ezmesi

2 yemek kaşığı kırmızı köri ezmesi

Erişte Hazırlamak İçin

1 adet büyük boy kabak eriştesi

½ Jülyen doğranmış havuç

½ Jülyen doğranmış kabak

1 küçük kırmızı dolmalık biber

¼ su bardağı kaju fıstığı

Talimatlar:

1. Sos yapmak için tüm malzemeleri karıştırın ve kalın bir püre yapın.

2. Spagetti kabağını uzunlamasına kesin ve erişte yapın.

3. Fırın tepsisini hafifçe zeytinyağı ile yağlayın ve kabak eriştelerini 40C'de 5-6 dakika pişirin.

4. Servis için erişteleri ve püreyi bir kaseye alın. Veya eriştelerin yanında püre servis edin.

<u>Beslenme Bilgisi:</u>Kalori 405 Karbonhidrat: 107g Yağ: 28g Protein: 7g

Kırmızı Fasulye ve Acı Salsa ile Buharda Alabalık

Porsiyon: 1

Pişirme Süresi: 16 Dakika

İçindekiler:

4 ½ ons kiraz domates, ikiye bölünmüş

1/4 avokado, soyulmamış

6 ons derisiz okyanus alabalığı filetosu

Servis için kişniş yaprakları

2 çay kaşığı zeytinyağı

Kireç dilimleri, hizmet etmek için

4 ½ oz konserve barbunya fasulyesi, durulanmış ve süzülmüş 1/2 kırmızı soğan, ince dilimlenmiş

1 yemek kaşığı salamura jalapenos, süzülmüş

1/2 çay kaşığı öğütülmüş kimyon

4 Sicilya zeytini/yeşil zeytin

Talimatlar:

1. Kaynayan su dolu bir tencerenin üzerine bir buhar sepeti koyun. Balıkları sepete ekleyin ve üzerini kapatın, 10-12 dakika pişirin.

2. Balığı çıkarın ve birkaç dakika dinlendirin. Bu arada, bir tavada biraz yağı önceden ısıtın.

3. Jalapeno turşusu, barbunya fasulyesi, zeytin, 1/2 çay kaşığı kimyon ve çeri domatesleri ekleyin. Sürekli karıştırarak yaklaşık 4-5 dakika pişirin.

4. Fasulye hamurunu servis tabağına alın, ardından alabalıkları alın.

Üzerine kişniş ve soğanı ekleyin.

5. Limon dilimleri ve avokado ile birlikte servis yapın. Kırmızı fasulye ve kırmızı biber salsa ile buğulanmış okyanus alabalığının tadını çıkarın!

<u>Beslenme Bilgisi:</u>243 kalori 33,2 gr yağ 18,8 gr toplam karbonhidrat 44 gr protein

Tatlı Patates ve Hindi Çorbası Porsiyon: 4

Pişirme Süresi: 45 Dakika

İçindekiler:

2 yemek kaşığı zeytinyağı

1 sarı soğan, doğranmış

1 yeşil dolmalık biber, doğranmış

2 tatlı patates, soyulmuş ve küp şeklinde doğranmış

1 kiloluk hindi göğsü, derisiz, kemiksiz ve küp şeklinde doğranmış 1 çay kaşığı kişniş, öğütülmüş

Bir tutam tuz ve karabiber

1 çay kaşığı tatlı kırmızı biber

6 su bardağı tavuk suyu

1 misket limonunun suyu

Bir avuç maydanoz, kıyılmış

Talimatlar:

1. Bir tencereyi sıvı yağ ile orta ateşte ısıtın, soğanı, dolmalık biberi ve tatlı patatesleri ekleyin, karıştırın ve 5 dakika pişirin.

2. Eti ekleyin ve 5 dakika daha kavurun.

3. Malzemelerin geri kalanını ekleyin, karıştırın, kaynama noktasına getirin ve orta ateşte 35 dakika daha pişirin.

4. Çorbayı kaselere paylaştırın ve servis yapın.

<u>Beslenme Bilgisi:</u>kalori 203, yağ 5, lif 4, karbonhidrat 7, protein 8

Miso Izgara Somon Porsiyon: 2

Pişirme Süresi: 20 Dakika

İçindekiler:

2 yemek kaşığı. Akçaağaç şurubu

2 limon

¼ fincan Miso

¼ çay kaşığı. Biber, öğütülmüş

2 limon

2 ½ lb Somon, derisi alınmış

Bir tutam Cayenne Biberi

2 yemek kaşığı. Sızma zeytinyağı

¼ fincan Miso

Talimatlar:

1. Önce limon suyunu ve limon suyunu küçük bir kasede iyice birleşene kadar karıştırın.

2. Ardından miso, acı biber, akçaağaç şurubu, zeytinyağı ve karabiberi kaşıkla ekleyin. İyi birleştirin.

3. Ardından, somonu derili tarafı aşağı gelecek şekilde parşömen kağıdı serili bir fırın tepsisine yerleştirin.

4. Somonun üzerine miso limon karışımını bolca sürün.

5. Şimdi ikiye bölünmüş limon ve misket limonu parçalarını kesik tarafları yukarı gelecek şekilde yanlara yerleştirin.

6. Son olarak, 8 ila 12 dakika veya balık pul pul olana kadar pişirin.

<u>Beslenme Bilgisi:</u>Kalori: 230KcalProteinler: 28.3gKarbohidratlar: 6.7gYağ: 8.7g

Sade Sotelenmiş Flaky Fileto Porsiyonu: 6

Pişirme Süresi: 8 Dakika

İçindekiler:

6 fileto tilapia

2 yemek kaşığı zeytinyağı

1 adet limon, suyu

Tatmak için biber ve tuz

¼ fincan kıyılmış maydanoz veya kişniş

Talimatlar:

1. Tilapia filetolarını orta boy bir tavada orta ateşte zeytinyağı ile soteleyin. Balık bir çatalla kolayca pul pul dökülene kadar her iki tarafta 4 dakika pişirin.

2. Tatlandırmak için tuz ve karabiber ekleyin. Her filetoya limon suyunu dökün.

3. Servis yapmak için pişmiş filetoların üzerine kıyılmış maydanoz veya kişniş serpin.

Beslenme Bilgisi:Kalori: 249 CalFat: 8,3 gr Protein: 18,6 gr Karb: 25,9

Elyaf: 1 gr

Domuz Karnita Porsiyon: 10

Pişirme Süresi: 8 Saat 10 dakika

İçindekiler:

5 kilo domuz omzu

2 diş sarımsak, kıyılmış

1 çay kaşığı karabiber

1/4 çay kaşığı tarçın

1 çay kaşığı kurutulmuş kekik

1 çay kaşığı öğütülmüş kimyon

1 defne yaprağı

2 ons tavuk suyu

1 çay kaşığı limon suyu

1 yemek kaşığı pul biber

1 yemek kaşığı tuz

Talimatlar:

1. Yavaş Pişiriciye diğer malzemelerle birlikte domuz eti ekleyin.

2. Kapağını kapatıp 8 saat pişirin. kısık ateşte.

3. Bittiğinde, pişmiş domuz eti bir çatal kullanarak parçalayın.

4. Bu kıyılmış domuz etini bir fırın tepsisine yayın.

5. 10 dakika kavurduktan sonra servis yapın.

<u>Beslenme Bilgisi:</u>Kalori 547 Yağ 39 gr, Karbonhidrat 2,6 gr, Lif 0 gr, Protein 43 gr

Sebzeli Beyaz Balık Çorbası

Porsiyon: 6 ila 8

Pişirme Süresi: 32 - 35 Dakika

İçindekiler:

3 tatlı patates, soyulmuş ve ½ inçlik parçalar halinde kesilmiş 4 havuç, soyulmuş ve ½ inçlik parçalar halinde kesilmiş 3 bardak tam yağlı hindistan cevizi sütü

2 su bardağı su

1 çay kaşığı kuru kekik

½ çay kaşığı deniz tuzu

10½ ons (298 gr) beyaz balık, derisiz ve sert, örneğin morina balığı veya pisi balığı, parçalar halinde kesilmiş

Talimatlar:

1. Büyük bir tencereye tatlı patatesleri, havuçları, hindistancevizi sütünü, suyu, kekiği ve deniz tuzunu ekleyip yüksek ateşte kaynatın.

2. Ateşi kısın, kapağını kapatın ve ara sıra karıştırarak sebzeler yumuşayana kadar 20 dakika pişirin.

3. Çorbanın yarısını bir karıştırıcıya dökün ve iyice karışana ve pürüzsüz olana kadar püre haline getirin, ardından tencereye geri koyun.

4. Balık parçalarını ekleyin ve 12 dakika daha pişirmeye devam edin.

15 dakikaya kadar veya balık tamamen pişene kadar.

5. Ateşten alın ve kaselere servis yapın.

Beslenme Bilgisi:kalori: 450 ; yağ: 28.7g; protein: 14.2g; karbonhidrat: 38.8g; lif: 8.1g; şeker: 6.7g; sodyum: 250mg

Limonlu Midye Porsiyonu: 4

İçindekiler:

1 yemek kaşığı. natürel sızma natürel sızma zeytinyağı 2 diş kıyılmış sarımsak

2 lbs. temizlenmiş midye

bir limonun suyu

Talimatlar:

1. Bir tencereye biraz su koyun, midyeleri ekleyin, orta ateşte kaynatın, 5 dakika pişirin, açılmamış midyeleri atın ve bir kase ile aktarın.

2. Başka bir kapta zeytinyağını sarımsak ve taze sıkılmış limon suyu ile karıştırıp iyice çırpın ve midyelerin üzerine ekleyip karıştırın ve servis edin.

3. Keyfini çıkarın!

Beslenme Bilgisi:Kalori: 140, Yağ:4 gr, Karb:8 gr, Protein:8 gr, Şeker: 4 gr, Sodyum:600 mg,

Kireç ve Acı Somon Porsiyon: 2

Pişirme Süresi: 8 Dakika

İçindekiler:

1 pound somon

1 yemek kaşığı limon suyu

½ çay kaşığı biber

½ çay kaşığı toz biber

4 limon dilimi

Talimatlar:

1. Somonu limon suyuyla gezdirin.

2. Her iki tarafını da biber ve pul biber serpin.

3. Hava fritözüne somon ekleyin.

4. Limon dilimlerini somonun üzerine yerleştirin.

5. 375 derece F'de 8 dakika havayla kızartın.

Peynirli Ton Balıklı Makarna Porsiyonu: 3-4

İçindekiler:

2 c. roka

¼ c. doğranmış yeşil soğan

1 yemek kaşığı kırmızı sirke

5 ons süzülmüş konserve ton balığı

¼ çay kaşığı. karabiber

2 oz. pişmiş tam buğdaylı makarna

1 yemek kaşığı. zeytin yağı

1 yemek kaşığı. rendelenmiş az yağlı parmesan

Talimatlar:

1. Makarnayı hazır olana kadar tuzsuz suda pişirin. Süzün ve bir kenara koyun.

2. Büyük boy bir kapta ton balığı, yeşil soğan, sirke, yağ, roka, makarna ve karabiberi iyice karıştırın.

3. İyice karıştırın ve peynirle süsleyin.

4. Servis yapın ve tadını çıkarın.

<u>Beslenme Bilgisi:</u>Kalori: 566,3, Yağ:42,4 gr, Karb:18,6 gr, Protein:29,8 gr, Şeker:0,4 gr, Sodyum:688,6 mg

Hindistan Cevizi Kabuklu Balık Şeritleri

Porsiyon: 4

Pişirme Süresi: 12 Dakika

İçindekiler:

turşusu

1 yemek kaşığı soya sosu

1 çay kaşığı öğütülmüş zencefil

½ bardak hindistan cevizi sütü

2 yemek kaşığı akçaağaç şurubu

½ su bardağı ananas suyu

2 çay kaşığı acı sos

Balık

1 pound balık filetosu, şeritler halinde dilimlenmiş

zevkinize biber

1 su bardağı galeta unu

1 su bardağı hindistan cevizi gevreği (şekersiz)

Pişirme spreyi

Talimatlar:

1. Marine malzemelerini bir kapta karıştırın.

2. Balık şeritlerini karıştırın.

3. Örtün ve 2 saat buzdolabında saklayın.

4. Hava fritözünüzü 375 derece F'ye ısıtın.

5. Biber, galeta unu ve hindistancevizi pullarını bir kapta karıştırın.

6. Balık şeritlerini ekmek kırıntısı karışımına batırın.

7. Fritöz sepetinize yağ püskürtün.

8. Balık şeritlerini fritöz sepetine ekleyin.

9. Her bir yüzünü 6 dakika havayla kızartın.

Meksika Balık Porsiyonu: 2

Pişirme Süresi: 10 Dakika

İçindekiler:

4 balık filetosu

2 çay kaşığı Meksika kekiği

4 çay kaşığı kimyon

4 çay kaşığı toz biber

zevkinize biber

Pişirme spreyi

Talimatlar:

1. Hava fritözünüzü 400 derece F'ye ısıtın.

2. Balığa yağ püskürtün.

3. Balığın her iki tarafını da baharat ve karabiberle tatlandırın.

4. Balığı fritöz sepetine yerleştirin.

5. 5 dakika pişirin.

6. Çevirin ve 5 dakika daha pişirin.

Salatalık Salsa Porsiyon ile Alabalık: 4

Pişirme Süresi: 10 Dakika

İçindekiler:

Salsa:

1 İngiliz salatalık, doğranmış

¼ fincan şekersiz hindistancevizi yoğurdu

2 yemek kaşığı kıyılmış taze nane

1 yeşil soğan, beyaz ve yeşil kısımlar, doğranmış

1 çay kaşığı çiğ bal

Deniz tuzu

Balık:

4 (5 ons) alabalık filetosu, kurulayın

1 yemek kaşığı zeytinyağı

Tatmak için deniz tuzu ve taze çekilmiş karabiber<u>Talimatlar:</u>

1. Salsayı hazırlayın: Yoğurt, salatalık, nane, yeşil soğan, bal ve deniz tuzunu küçük bir kapta tamamen karışana kadar karıştırın. Kenara koyun.

2. Temiz bir çalışma yüzeyinde alabalık filetolarını deniz tuzu ve karabiberle hafifçe ovun.

3. Zeytinyağını büyük bir tavada orta ateşte ısıtın. Alabalık filetolarını sıcak tavaya ekleyin ve yaklaşık 10 dakika tavada kızartın, balığı yarıya kadar çevirin veya balık istediğiniz gibi pişene kadar.

4. Salsayı balığın üzerine yayın ve servis yapın.

Beslenme Bilgisi:kalori: 328 ; yağ: 16.2g; protein: 38.9g; karbonhidrat: 6.1g

; lif: 1,0 gr; şeker: 3.2g; sodyum: 477mg

Karides Porsiyonlu Limonlu Zoodle: 4

Pişirme Süresi: 0 Dakika

İçindekiler:

Sos:

½ fincan paketlenmiş taze fesleğen yaprağı

1 limon suyu (veya 3 yemek kaşığı)

1 çay kaşığı şişe kıyılmış sarımsak

tutam deniz tuzu

Bir tutam taze çekilmiş karabiber

¼ fincan konserve tam yağlı hindistan cevizi sütü

1 büyük sarı kabak, jülyen veya spiral şeklinde 1 büyük kabak, jülyen şeklinde veya spiral şeklinde

1 pound (454 gr) karides, kabuğu çıkarılmış, haşlanmış, soyulmuş ve soğutulmuş 1 limonun kabuğu (isteğe bağlı)

Talimatlar:

1. Sosu hazırlayın: Fesleğen yapraklarını, limon suyunu, sarımsağı, deniz tuzunu ve karabiberi bir mutfak robotunda iyice doğranana kadar işleyin.

2. İşlemci hala çalışırken hindistan cevizi sütünü yavaşça dökün. Pürüzsüz olana kadar nabız atın.

3. Sosu, sarı kabağı ve kabakla birlikte büyük bir kaseye aktarın. İyi at.

4. Erişte üzerine karides ve limon kabuğu (istenirse) serpin. Hemen servis yapın.

<u>Beslenme Bilgisi:</u>kalori: 246 ; yağ: 13.1g; protein: 28.2g; karbonhidrat: 4.9g

; lif: 2,0 gr; şeker: 2.8g; sodyum: 139mg

Çıtır Karides Porsiyonu: 4

Pişirme Süresi: 3 Dakika

İçindekiler:

1 lb. karides, soyulmuş ve kabuğu çıkarılmış

½ su bardağı balık ekmek karışımı

Pişirme spreyi

Talimatlar:

1. Hava fritözünüzü 390 derece F'ye ısıtın.

2. Karideslere yağ püskürtün.

3. Pane karışımı ile kaplayın.

4. Fritöz sepetine yağ püskürtün.

5. Fritöz sepetine karides ekleyin.

6. 3 dakika pişirin.

Izgara Levrek Porsiyon: 2

İçindekiler:

2 diş kıyılmış sarımsak

Biber.

1 yemek kaşığı. limon suyu

2 beyaz levrek filetosu

¼ çay kaşığı. ot baharat karışımı

Talimatlar:

1. Bir ızgara tavasına biraz zeytinyağı püskürtün ve üzerine filetoları yerleştirin.

2. Limon suyu, sarımsak ve baharatları filetoların üzerine serpin.

3. Yaklaşık 10 dakika ya da balıklar altın rengini alana kadar kavurun.

4. İstenirse sotelenmiş ıspanak yatağında servis yapın.

Beslenme Bilgisi:Kalori: 169, Yağ:9,3 gr, Karb:0,34 gr, Protein:15,3

g, Şekerler:0,2 g, Sodyum:323 mg

Somon Kek Porsiyon: 4

Pişirme Süresi: 10 Dakika

İçindekiler:

Pişirme spreyi

1 pound somon fileto, kuşbaşı

¼ su bardağı badem unu

2 çay kaşığı Old Bay baharatı

1 yeşil soğan, doğranmış

Talimatlar:

1. Hava fritözünüzü 390 derece F'ye ısıtın.

2. Fritöz sepetinize yağ püskürtün.

3. Kalan malzemeleri bir kapta birleştirin.

4. Karışımdan köfteler oluşturun.

5. Köftelerin her iki tarafına da yağ püskürtün.

6. Havada 8 dakika kızartın.

Baharatlı Morina Porsiyonu: 4

İçindekiler:

2 yemek kaşığı taze kıyılmış maydanoz

2 lbs. morina filetosu

2 c. düşük sodyumlu salsa

1 yemek kaşığı. tatsız yağ

Talimatlar:

1. Fırını 350°F'ye önceden ısıtın.

2. Büyük, derin bir fırın tepsisinin dibine yağı gezdirin.

Morina filetolarını tabağa koyun. Salsayı balıkların üzerine dökün. 20 dakika folyo ile örtün. Pişirmenin son 10 dakikasında folyoyu çıkarın.

3. Balık pul pul olana kadar fırında 20 – 30 dakika pişirin.

4. Beyaz veya kahverengi pirinçle servis yapın. Maydanozla süsleyin.

Beslenme Bilgisi:Kalori: 110, Yağ:11 gr, Karb:83 gr, Protein:16,5 gr, Şeker:0 gr, Sodyum:122 mg

Füme Alabalık Ezmesi Porsiyon: 2

İçindekiler:

2 çay kaşığı. taze limon suyu

½ c. az yağlı süzme peynir

1 adet doğranmış kereviz sapı

¼ lb. derisi alınmış tütsülenmiş alabalık filetosu,

½ çay kaşığı. Worcestershire sos

1 çay kaşığı. Acı biber sosu

¼ c. iri kıyılmış kırmızı soğan

Talimatlar:

1. Alabalık, süzme peynir, kırmızı soğan, limon suyu, acı biber sosu ve Worcestershire sosunu bir blender veya mutfak robotunda birleştirin.

2. Pürüzsüz olana kadar işleyin, gerekirse kasenin kenarlarını sıyırmak için durun.

3. Doğranmış kereviz katlayın.

4. Buzdolabında hava geçirmez bir kapta saklayın.

Beslenme Bilgisi:Kalori: 57, Yağ:4 gr, Karb:1 gr, Protein:4 gr, Şeker:0 gr, Sodyum:660 mg

Ton Balığı ve Arpacık Porsiyonu: 4

İçindekiler:

½ c. düşük sodyumlu tavuk suyu

1 yemek kaşığı. zeytin yağı

4 kemiksiz ve derisiz ton balığı filetosu

2 doğranmış arpacık

1 çay kaşığı. tatlı kırmızı biber

2 yemek kaşığı misket limonu suyu

¼ çay kaşığı. karabiber

Talimatlar:

1. Bir tavayı orta-yüksek ateşte yağ ile ısıtın, arpacık soğanlarını ekleyin ve 3 dakika soteleyin.

2. Balığı ekleyin ve her iki tarafını da 4'er dakika pişirin.

3. Kalan malzemeleri ekleyin, her şeyi 3 dakika daha pişirin, tabaklara bölün ve servis yapın.

Beslenme Bilgisi:Kalori: 4040, Yağ:34,6 gr, Karb:3 gr, Protein:21,4 gr, Şeker:0,5 gr, Sodyum:1000 mg

Limonlu Biber Karides Porsiyonu: 2

Pişirme Süresi: 10 Dakika

İçindekiler:

1 yemek kaşığı limon suyu

1 yemek kaşığı zeytinyağı

1 çay kaşığı limon biberi

¼ çay kaşığı sarımsak tozu

¼ çay kaşığı kırmızı biber

12 ons karides, soyulmuş ve kabuğu çıkarılmış

Talimatlar:

1. Hava fritözünüzü 400 derece F'ye ısıtın.

2. Limon suyu, zeytinyağı, limon biberi, sarımsak tozu ve kırmızı biberi bir kapta karıştırın.

3. Karidesleri ilave edin ve karışımla eşit şekilde kaplayın.

4. Hava fritözüne ekleyin.

5. 8 dakika pişirin.

Sıcak Ton Balıklı Biftek Porsiyonu: 6

İçindekiler:

2 yemek kaşığı taze limon suyu

Biber.

Kavrulmuş portakal sarımsaklı mayonez

¼ c. bütün karabiber

6 adet dilimlenmiş ton balığı biftek

2 yemek kaşığı Sızma zeytinyağı

Tuz

Talimatlar:

1. Ton balığını sığacak şekilde bir kaseye koyun. Yağ, limon suyu, tuz ve karabiberi ekleyin. Ton balığını marine ile iyice kaplayacak şekilde çevirin. 15 ila 20 dinlendirin

dakika, bir kez dönüyor.

2. Karabiberleri çift kalınlıkta plastik torbalara koyun. Karabiberleri iri bir şekilde ezmek için ağır bir tencere veya küçük bir tokmakla vurun. Geniş bir tabağa yerleştirin.

3. Ton balığını pişirmeye hazır olduğunuzda kenarlarını ezilmiş karabiberlere batırın. Yapışmaz bir tavayı orta ateşte ısıtın. Orta az pişmiş balıklar için ton balığı bifteklerini gerekirse partiler halinde her bir tarafını 4 dakika kızartın ve gerekirse yapışmayı önlemek için tavaya 2 ila 3 yemek kaşığı marine ekleyin.

4. Kavrulmuş portakal sarımsaklı mayonez ile servis yapınBeslenme Bilgisi:Kalori: 124, Yağ:0,4 g, Karb:0,6 g, Protein:28 g, Şeker:0 g, Sodyum:77 mg

Cajun Somon Porsiyonu: 2

Pişirme Süresi: 10 Dakika

İçindekiler:

2 somon fileto

Pişirme spreyi

1 yemek kaşığı Cajun baharatı

1 yemek kaşığı bal

Talimatlar:

1. Hava fritözünüzü 390 derece F'ye ısıtın.

2. Balığın her iki tarafına da yağ püskürtün.

3. Cajun çeşnisini serpin.

4. Fritöz sepetine yağ püskürtün.

5. Hava fritöz sepetine somon ekleyin.

6. Havada 10 dakika kızartın.

Sebzeli Quinoa Somon Kase

Porsiyon: 4

Pişirme Süresi: 0 Dakika

İçindekiler:

1 pound (454 gr) pişmiş somon, kuşbaşı

4 su bardağı pişmiş kinoa

6 turp, ince dilimlenmiş

1 kabak, yarım ay şeklinde dilimlenmiş

3 bardak roka

3 taze soğan, kıyılmış

½ su bardağı badem yağı

1 tatlı kaşığı şekersiz acı sos

1 yemek kaşığı elma sirkesi

1 çay kaşığı deniz tuzu

Garnitür için ½ bardak kavrulmuş şerit badem (isteğe bağlı)Talimatlar:

1. Büyük bir kapta kuşbaşı somon, pişmiş kinoa, turp, kabak, roka ve taze soğanı karıştırın ve iyice karıştırın.

2. Badem yağı, acı sos, elma sirkesi ve deniz tuzunu ekleyin ve karıştırın.

3. Karışımı dört kaseye bölün. İstenirse, garnitür için şeritli bademlerle her bir kaseyi eşit şekilde dağıtın. Hemen servis yapın.

<u>Beslenme Bilgisi:</u>kalori: 769 ; yağ: 51.6g; protein: 37.2g; karbonhidrat: 44.8g; lif: 8,0 gr; şeker: 4,0 gr; sodyum: 681mg

Ufalanmış Balık Porsiyonu: 4

Pişirme Süresi: 15 Dakika

İçindekiler:

¼ su bardağı zeytinyağı

1 su bardağı kuru galeta unu

4 beyaz balık filetosu

zevkinize biber

Talimatlar:

1. Hava fritözünüzü 350 derece F'ye ısıtın.

2. Balığın her iki tarafına da biber serpin.

3. Yağ ve ekmek kırıntılarını bir kasede birleştirin.

4. Balığı karışıma batırın.

5. Yapıştırmak için ekmek kırıntılarına basın.

6. Balıkları hava fritözüne yerleştirin.

7. 15 dakika pişirin.

Sade Somon Köfte Porsiyon: 4

Pişirme Süresi: 8 ila 10 Dakika

İçindekiler:

1 pound (454 gr) derisiz kemikli somon fileto, kıyılmış ¼ fincan kıyılmış tatlı soğan

½ su bardağı badem unu

2 diş sarımsak, kıyılmış

2 yumurta, çırpılmış

1 çay kaşığı Dijon hardalı

1 yemek kaşığı taze sıkılmış limon suyu

Çizgi kırmızı biber gevreği

½ çay kaşığı deniz tuzu

¼ çay kaşığı taze çekilmiş karabiber

1 yemek kaşığı avokado yağı

Talimatlar:

1. Kıyılmış somon, tatlı soğan, badem unu, sarımsak, çırpılmış yumurta, hardal, limon suyu, pul biber, deniz tuzu ve karabiberi geniş bir kapta iyice karışana kadar karıştırın.

2. Somon karışımını 5 dakika dinlenmeye bırakın.

3. Somon karışımını alın ve ellerinizle ½ inç kalınlığında dört köfteye şekil verin.

4. Avokado yağını büyük bir tavada orta ateşte ısıtın. Köfteleri sıcak tavaya ekleyin ve hafifçe kızarana ve pişene kadar her iki tarafını 4 ila 5 dakika pişirin.

5. Ocaktan alıp servis tabağına alın.

<u>Beslenme Bilgisi:</u>kalori: 248 ; yağ: 13.4g; protein: 28.4g; karbonhidrat: 4.1g

; lif: 2,0 gr; şeker: 2,0 gr; sodyum: 443mg

Patlamış Mısır Karides Porsiyonu: 4

Pişirme Süresi: 10 Dakika

İçindekiler:

½ çay kaşığı soğan tozu

½ çay kaşığı sarımsak tozu

½ çay kaşığı kırmızı biber

¼ çay kaşığı öğütülmüş hardal

⅛ çay kaşığı kurutulmuş adaçayı

⅛ çay kaşığı öğütülmüş kekik

⅛ çay kaşığı kurutulmuş kekik

⅛ çay kaşığı kuru fesleğen

zevkinize biber

3 yemek kaşığı mısır nişastası

1 lb. karides, soyulmuş ve kabuğu çıkarılmış

Pişirme spreyi

Talimatlar:

1. Karides hariç tüm malzemeleri bir kapta birleştirin.

2. Karidesleri karışımla kaplayın.

3. Fritöz sepetine yağ püskürtün.

4. Hava fritözünüzü 390 derece F'ye ısıtın.

5. İçine karides ekleyin.

6. Havada 4 dakika kızartın.

7. Sepeti sallayın.

8. 5 dakika daha pişirin.

Baharatlı Fırında Balık Porsiyonu: 5

İçindekiler:

1 yemek kaşığı. zeytin yağı

1 çay kaşığı. baharat tuz ücretsiz baharat

1 pound somon fileto

Talimatlar:

1. Fırını 350F'ye ısıtın.

2. Balığa zeytinyağı ve baharat serpin.

3. 15 dakika üstü açık olarak pişirin.

4. Dilimleyin ve servis yapın.

Beslenme Bilgisi:Kalori: 192, Yağ:11 gr, Karb:14,9 gr, Protein:33,1 gr, Şeker:0,3 gr, Sodyum:505 6 mg

Paprika Ton Balığı Porsiyon: 4

İçindekiler:

½ çay kaşığı. biber tozu

2 çay kaşığı. tatlı kırmızı biber

¼ çay kaşığı. karabiber

2 yemek kaşığı zeytin yağı

4 kemiksiz ton balığı biftek

Talimatlar:

1. Bir tavayı sıvı yağ ile orta-yüksek ateşte ısıtın, ton balığı bifteklerini ekleyin, kırmızı biber, karabiber ve pul biberle çeşnilendirin, her iki tarafını da 5 dakika pişirin, tabaklara paylaştırın ve yanında salata ile servis yapın.

Beslenme Bilgisi:Kalori: 455, Yağ:20,6 gr, Karb:0,8 gr, Protein:63,8

g, Şekerler:7,4 g, Sodyum: 411 mg

Balık Köftesi Porsiyon: 2

Pişirme Süresi: 7 Dakika

İçindekiler:

8 oz. beyaz balık filetosu, kuşbaşı

tatmak için sarımsak tozu

1 çay kaşığı limon suyu

Talimatlar:

1. Hava fritözünüzü 390 derece F'ye ısıtın.

2. Tüm malzemeleri birleştirin.

3. Karışımdan köfteler oluşturun.

4. Balık köftelerini fritöze yerleştirin.

5. 7 dakika pişirin.

Bal Porsiyonlu Kurutulmuş Deniz Tarağı: 4

Pişirme Süresi: 15 Dakika

İçindekiler:

1 pound (454 gr) büyük deniz tarağı, durulanmış ve kuru Dash deniz tuzu

Taze çekilmiş karabiber

2 yemek kaşığı avokado yağı

¼ su bardağı çiğ bal

3 yemek kaşığı hindistancevizi aminosu

1 yemek kaşığı elma sirkesi

2 diş sarımsak, kıyılmış

Talimatlar:

1. Bir kapta deniz tarağı, deniz tuzu ve karabiberi ekleyin ve iyice kaplanana kadar karıştırın.

2. Büyük bir tavada avokado yağını orta-yüksek ateşte ısıtın.

3. Deniz taraklarını her iki tarafta 2 ila 3 dakika veya deniz tarağı süt beyazı veya opak ve sert hale gelene kadar kızartın.

4. Deniz taraklarını ocaktan alıp bir tabağa alın ve sıcak tutmak için folyoyla gevşek bir şekilde örtün. Kenara koyun.

5. Tavaya bal, hindistancevizi aminosu, sirke ve sarımsağı ekleyin ve iyice karıştırın.

6. Kaynamaya bırakın ve ara sıra karıştırarak sıvı azalana kadar yaklaşık 7 dakika pişirin.

7. Kızarmış deniz taraklarını sırla kaplamak için karıştırarak tavaya geri koyun.

8. Deniz taraklarını dört tabağa bölün ve sıcak servis yapın.

Beslenme Bilgisi:kalori: 382 ; yağ: 18.9g; protein: 21.2g; karbonhidrat: 26.1g; lif: 1,0 gr; şeker: 17.7g; sodyum: 496mg

Shiitake Mantarlı Morina Fileto Porsiyon: 4

Pişirme Süresi: 15 ila 18 Dakika

İçindekiler:

1 diş sarımsak, kıyılmış

1 pırasa, ince dilimlenmiş

1 çay kaşığı kıyılmış taze zencefil kökü

1 yemek kaşığı zeytinyağı

½ bardak sek beyaz şarap

½ su bardağı dilimlenmiş shiitake mantarı

4 (6 ons / 170 gr) morina filetosu

1 çay kaşığı deniz tuzu

⅛ çay kaşığı taze çekilmiş karabiber

Talimatlar:

1. Fırını 375ºF'ye (190ºC) önceden ısıtın.

2. Sarımsak, pırasa, zencefil kökü, şarap, zeytinyağı ve mantarları bir fırın tepsisinde karıştırın ve mantarlar eşit şekilde kaplanana kadar karıştırın.

3. Önceden ısıtılmış fırında 10 dakika hafifçe kızarana kadar pişirin.

4. Fırın tepsisini fırından çıkarın. Morina filetolarını üstüne yayın ve deniz tuzu ve karabiber serpin.

5. Üzerini alüminyum folyo ile kapatın ve tekrar fırına verin. 5 ila 8 arası pişirin

dakika daha veya balık pul pul olana kadar.

6. Alüminyum folyoyu çıkarın ve servis yapmadan önce 5 dakika soğutun.

Beslenme Bilgisi:kalori: 166 ; yağ: 6.9g; protein: 21.2g; karbonhidrat: 4.8g; lif: 1,0 gr; şeker: 1,0 gr; sodyum: 857mg

Izgara Beyaz Levrek Porsiyon: 2

İçindekiler:

1 çay kaşığı. kıyılmış sarımsak

öğütülmüş karabiber

1 yemek kaşığı. limon suyu

8 oz. beyaz levrek filetosu

¼ çay kaşığı. tuzsuz ot baharat karışımı

Talimatlar:

1. Izgarayı önceden ısıtın ve rafı ısı kaynağından 4 inç uzağa yerleştirin.

2. Bir fırın tepsisine hafifçe pişirme spreyi sıkın. Filetoları tavaya yerleştirin. Filetoların üzerine limon suyu, sarımsak, baharat ve karabiber serpin.

3. Balık bir bıçağın ucuyla test edildiğinde opak hale gelinceye kadar yaklaşık 8 ila 10 dakika kavurun.

4. Hemen servis yapın.

Beslenme Bilgisi:Kalori: 114, Yağ:2 gr, Karb:2 gr, Protein:21 gr, Şeker:0,5 gr, Sodyum:78 mg

Fırında Domates Barlam Porsiyonu: 4-5

İçindekiler:

½ c. domates sosu

1 yemek kaşığı. zeytin yağı

Maydanoz

2 adet dilimlenmiş domates

½ c. rendelenmiş peynir

4 libre kemiği çıkarılmış ve dilimlenmiş berlam balığı

Tuz.

Talimatlar:

1. Fırını 400 0F'ye ısıtın.

2. Balığı tuzlayın.

3. Bir tavada veya tencerede; Balıkları zeytinyağında yarı pişene kadar karıştırarak kızartın.

4. Balığın üzerini örtmek için dört tane folyo kağıt alın.

5. Folyoyu kaplara benzeyecek şekilde şekillendirin; her folyo kabına domates sosu ekleyin.

6. Balığı, domates dilimlerini ekleyin ve üzerine rendelenmiş peynir ekleyin.

7. Altın bir kabuk elde edene kadar yaklaşık 20-25 pişirin.

dakika.

8. Paketleri açın ve maydanozla süsleyin.

<u>Beslenme Bilgisi:</u>Kalori: 265, Yağ:15 gr, Karb:18 gr, Protein:22 gr, Şeker:0,5 gr, Sodyum:94,6 mg

Pancarlı Kızarmış Mezgit Balığı Porsiyon: 4

Pişirme Süresi: 30 Dakika

İçindekiler:

8 pancar, soyulmuş ve sekize bölünmüş

2 arpacık soğan, ince dilimlenmiş

2 yemek kaşığı elma sirkesi

2 yemek kaşığı zeytinyağı, bölünmüş

1 çay kaşığı şişe kıyılmış sarımsak

1 çay kaşığı kıyılmış taze kekik

tutam deniz tuzu

4 (5 ons / 142 g) mezgit filetosu, kurulayın<u>Talimatlar:</u>

1. Fırını 205ºC'ye (400ºF) ısıtın.

2. Pancarı, arpacık soğanı, sirkeyi, 1 yemek kaşığı zeytinyağını, sarımsağı, kekiği ve deniz tuzunu orta boy bir kapta birleştirin ve üzerini iyice kaplayacak şekilde karıştırın.

Pancar karışımını bir fırın tepsisine yayın.

3. Önceden ısıtılmış fırında yaklaşık 30 dakika, bir veya iki kez bir spatula ile çevirerek veya pancarlar yumuşayana kadar kızartın.

4. Bu arada kalan 1 çorba kaşığı zeytinyağını büyük bir tavada orta-yüksek ateşte ısıtın.

5. Mezgit balığını ekleyin ve her iki tarafını 4 ila 5 dakika veya et opak hale gelene ve kolayca parçalanana kadar kavurun.

6. Balığı bir tabağa alın ve üzerine kavrulmuş pancar serperek servis yapın.

Beslenme Bilgisi:kalori: 343 ; yağ: 8.8g; protein: 38.1 gr; karbonhidrat: 20.9g

; lif: 4.0g; şeker: 11,5 gr; sodyum: 540mg

İçten Ton Balığı Melt Porsiyon: 4

İçindekiler:

3 ons rendelenmiş yağı azaltılmış çedar peyniri

1/3 c. doğranmış kereviz

Karabiber ve tuz

¼ c. doğranmış soğan

2 tam buğdaylı İngiliz çöreği

6 oz. süzülmüş beyaz ton balığı

¼ c. az yağlı Rusça

Talimatlar:

1. Izgarayı önceden ısıtın. Ton balığı, kereviz, soğan ve salata sosunu birleştirin.

2. Tuz ve karabiber ekleyin.

3. İngiliz çöreğinin yarısını kızartın.

4. Bölünmüş tarafı yukarı gelecek şekilde fırın tepsisine yerleştirin ve her birinin üzerine 1/4 oranında ton balığı karışımı ekleyin.

5. 2-3 dakika veya iyice ısınana kadar kavurun.

6. Üzerine peynir ekleyin ve peynir yaklaşık 1 dakika daha eriyene kadar ızgaraya geri dönün.

<u>Beslenme Bilgisi:</u>Kalori: 320, Yağ:16,7 gr, Karb:17,1 gr, Protein:25,7

g, Şekerler:5,85 g, Sodyum:832 mg

Kaffir Kireç Porsiyonlu Limonlu Somon: 8

İçindekiler:

1 dörde bölünmüş ve ezilmiş limon otu sapı

2 kaffir yırtık limon yaprağı

1 ince dilimlenmiş limon

1 ½ c. taze kişniş yaprakları

1 bütün yan somon fileto

Talimatlar:

1. Fırını 350°F'ye önceden ısıtın.

2. Bir fırın tepsisini kenarları üst üste gelecek şekilde folyo tabakalarla kaplayın 3. Somonu folyonun üzerine yerleştirin, üzerine limon, ıhlamur yaprakları, limon otu ve 1 bardak kişniş yaprağı ekleyin. Seçenek: tuz ve karabiber ekleyin.

4. Contayı katlamadan önce folyonun uzun kenarını ortaya getirin.

Somonu kapatmak için uçlarını yuvarlayın.

5. 30 dakika pişirin.

6. Pişen balığı bir tabağa alın. Taze kişniş ile süsleyin.

Beyaz veya kahverengi pirinçle servis yapın.

<u>Beslenme Bilgisi:</u>Kalori: 103, Yağ:11,8 gr, Karb:43,5 gr, Protein:18 gr, Şeker:0,7 gr, Sodyum:322 mg

Hardal Soslu Yumuşak Somon Porsiyon: 2

İçindekiler:

5 yemek kaşığı. kıyılmış dereotu

2/3 c. Ekşi krema

Biber.

2 yemek kaşığı Dijon hardalı

1 çay kaşığı. sarımsak tozu

5 ons somon fileto

2-3 yemek kaşığı. Limon suyu

Talimatlar:

1. Ekşi krema, hardal, limon suyu ve dereotu karıştırın.

2. Filetoları biber ve sarımsak tozu ile tatlandırın.

3. Somonu derili tarafı alta gelecek şekilde bir fırın tepsisine dizin ve hazırlanan hardal sosuyla kaplayın.

4. 390°F'de 20 dakika pişirin.

<u>Beslenme Bilgisi:</u>Kalori: 318, Yağ:12 gr, Karb:8 gr, Protein:40,9 gr, Şeker:909,4 gr, Sodyum:1,4 mg

Yengeç Salatası Porsiyonu: 4

İçindekiler:

2 c. Yengeç eti

1 ç. ikiye bölünmüş kiraz domates

1 yemek kaşığı. zeytin yağı

Karabiber

1 doğranmış arpacık

1/3 c. Kıyılmış silantro

1 yemek kaşığı. limon suyu

Talimatlar:

1. Bir kapta yengeci domates ve diğer malzemelerle birleştirin, karıştırın ve servis yapın.

Beslenme Bilgisi:Kalori: 54, Yağ:3,9 gr, Karb:2,6 gr, Protein:2,3 gr, Şeker:2,3 gr, Sodyum:462,5 mg

Miso Soslu Fırında Somon Porsiyon: 4

Pişirme Süresi: 15 ila 20 Dakika

İçindekiler:

Sos:

¼ bardak elma sirkesi

¼ bardak beyaz miso

1 yemek kaşığı zeytinyağı

1 yemek kaşığı beyaz pirinç sirkesi

⅛ çay kaşığı öğütülmüş zencefil

4 (3 ila 4 ons / 85 ila 113 g) kemiksiz somon fileto Garnitür için 1 dilimlenmiş yeşil soğan

Garnitür için ⅛ çay kaşığı kırmızı biber gevreği

Talimatlar:

1. Fırını 375ºF'ye (190ºC) önceden ısıtın.

2. Sosu hazırlayın: Elma şarabı, beyaz miso, zeytinyağı, pirinç sirkesi ve zencefili küçük bir kasede çırpın. Daha ince bir kıvam isteniyorsa biraz su ekleyin.

3. Somon filetolarını derili tarafları alta gelecek şekilde bir fırın tepsisine dizin. Hazırladığınız sosu filetoların üzerine eşit olacak şekilde gezdirin.

4. Önceden ısıtılmış fırında 15 ila 20 dakika veya balık bir çatalla kolayca pul pul dökülene kadar pişirin.

5. Üzerini dilimlenmiş yeşil soğan ve pul biberle süsleyip servis yapın.

<u>Beslenme Bilgisi:</u>kalori: 466 ; yağ: 18.4g; protein: 67.5 gr; karbonhidrat: 9.1g

; lif: 1,0 gr; şeker: 2.7g; sodyum: 819mg

Ballı Bitki Kaplı Fırında Morina Porsiyon: 2

İçindekiler:

6 yemek kaşığı. Bitki aromalı doldurma

8 oz. morina filetosu

2 yemek kaşığı Bal

Talimatlar:

1. Fırınınızı 375 OF'ye ısıtın.

2. Bir fırın tepsisine hafifçe pişirme spreyi sıkın.

3. Bitkisel iç harcı bir poşete koyun ve kapatın. Dolguyu ufalanana kadar ezin.

4. Balıkları balla kaplayın ve kalan baldan kurtulun.

Doldurma torbasına bir fileto ekleyin ve balığı tamamen kaplamak için hafifçe sallayın.

5. Morina balığını fırın tepsisine alın ve aynı işlemi ikinci balık için tekrarlayın.

6. Filetoları folyo ile sarın ve bir bıçağın ucuyla test ettiğinizde yaklaşık on dakika sert ve opak olana kadar pişirin.

7. Sıcak servis yapın.

<u>Beslenme Bilgisi:</u>Kalori: 185, Yağ:1 gr, Karb:23 gr, Protein:21 gr, Şeker:2 gr, Sodyum:144,3 mg

Parmesan Morina Karışımı Porsiyon: 4

İçindekiler:

1 yemek kaşığı. limon suyu

½ c. doğranmış yeşil soğan

4 kemiksiz morina filetosu

3 diş kıyılmış sarımsak

1 yemek kaşığı. zeytin yağı

½ c. rendelenmiş az yağlı parmesan peyniri

Talimatlar:

1. Bir tavayı orta ateşte yağ ile ısıtın, sarımsak ve yeşil soğanları ekleyin, atın ve 5 dakika soteleyin.

2. Balığı ekleyin ve her iki tarafını da 4'er dakika pişirin.

3. Limon suyunu ekleyin, üzerine parmesan serpin, 2 dakika daha pişirin, tabaklara paylaştırın ve servis yapın.

Beslenme Bilgisi:Kalori: 275, Yağ:22,1 gr, Karb:18,2 gr, Protein:12 gr, Şeker:0,34 gr, Sodyum:285,4 mg

Çıtır Sarımsaklı Karides Porsiyonu: 4

Pişirme Süresi: 10 Dakika

İçindekiler:

1 lb. karides, soyulmuş ve kabuğu çıkarılmış

2 çay kaşığı sarımsak tozu

zevkinize biber

¼ su bardağı un

Pişirme spreyi

Talimatlar:

1. Karidesleri sarımsak tozu ve karabiberle tatlandırın.

2. Un ile kaplayın.

3. Fritöz sepetinize yağ püskürtün.

4. Fritöz sepetine karides ekleyin.

5. 400 derece F'de 10 dakika pişirin, yarı yolda bir kez çalkalayın.

Kremalı Levrek Karışımı Porsiyon: 4

İçindekiler:

1 yemek kaşığı. kıyılmış maydanoz

2 yemek kaşığı Avokado yağı

1 ç. Hindistan cevizi kreması

1 yemek kaşığı. misket limonu suyu

1 doğranmış sarı soğan

¼ çay kaşığı. karabiber

4 adet kemiksiz levrek filetosu

Talimatlar:

1. Bir tavayı orta ateşte yağ ile ısıtın, soğanı ekleyin, atın ve 2 dakika soteleyin.

2. Balığı ekleyin ve her iki tarafını da 4'er dakika pişirin.

3. Kalan malzemeleri ekleyin, her şeyi 4 dakika daha pişirin, tabaklara bölün ve servis yapın.

Beslenme Bilgisi:Kalori: 283, Yağ:12,3 gr, Karb:12,5 gr, Protein:8 gr, Şeker:6 gr, Sodyum:508,8 mg

Salatalık Ahi Poke Porsiyon: 4

Pişirme Süresi: 0 Dakika

İçindekiler:

Ahi Poke:

454 gr suşi sınıfı ahi ton balığı, 1 inçlik küpler halinde kesilmiş 3 yemek kaşığı hindistancevizi aminosu

3 taze soğan, ince dilimlenmiş

1 serrano şili, çekirdeği çıkarılmış ve kıyılmış (isteğe bağlı) 1 çay kaşığı zeytinyağı

1 çay kaşığı pirinç sirkesi

1 çay kaşığı kavrulmuş susam

Dash öğütülmüş zencefil

1 büyük avokado, doğranmış

½ inç kalınlığında halkalar halinde dilimlenmiş 1 salatalıkTalimatlar:

1. Ahi poke yapın: Ahi ton balığı küplerini hindistancevizi aminoları, yeşil soğan, serrano şili (istenirse), zeytinyağı, sirke, susam ve zencefil ile büyük bir kaseye atın.

2. Kâseyi streç filmle örtün ve buzdolabında 15 dakika marine edin.

dakika.

3. Doğranmış avokadoyu ahi poke kasesine ekleyin ve karıştırmak için karıştırın.

4. Salatalık halkalarını servis tabağına dizin. Ahi sosu salatalığın üzerine gezdirip servis yapın.

<u>Beslenme Bilgisi:</u>kalori: 213 ; yağ: 15.1g; protein: 10.1 gr; karbonhidrat: 10.8g; lif: 4.0g; şeker: 0.6g; sodyum: 70mg

Minty Cod Karışımı Porsiyon: 4

İçindekiler:

4 kemiksiz morina filetosu

½ c. düşük sodyumlu tavuk suyu

2 yemek kaşığı zeytin yağı

¼ çay kaşığı. karabiber

1 yemek kaşığı. doğranmış nane

1 çay kaşığı rendelenmiş limon kabuğu

¼ c. kıyılmış arpacık

1 yemek kaşığı. limon suyu

Talimatlar:

1. Bir tavayı sıvı yağ ile orta ateşte ısıtın, arpacık soğanları ekleyin, karıştırın ve 5 dakika soteleyin.

2. Morina, limon suyu ve diğer malzemeleri ekleyin, kaynama noktasına getirin ve orta ateşte 12 dakika pişirin.

3. Her şeyi tabaklara paylaştırın ve servis yapın.

Beslenme Bilgisi:Kalori: 160, Yağ:8,1 gr, Karb:2 gr, Protein:20,5 gr, Şeker:8 gr, Sodyum:45 mg

Limonlu ve Kremalı Tilapia Porsiyonu: 4

İçindekiler:

2 yemek kaşığı Kıyılmış taze kişniş

¼ c. az yağlı mayonez

Taze çekilmiş karabiber

¼ c. taze limon suyu

4 tilapia filetosu

½ c. rendelenmiş az yağlı parmesan peyniri

½ çay kaşığı. sarımsak tozu

Talimatlar:

1. Bir kapta tilapia filetosu ve kişniş hariç tüm malzemeleri karıştırın.

2. Filetoları mayonez karışımıyla eşit şekilde kaplayın.

3. Filetoları büyük bir folyo kağıdın üzerine yerleştirin. Folyo kağıdını filetoları mühürlemek için etrafına sarın.

4. Folyo paketini büyük bir yavaş pişiricinin dibine yerleştirin.

5. Yavaş pişiriciyi düşük konuma getirin.

6. Örtün ve 3-4 saat pişirin.

7. Kişniş ile süsleyerek servis yapın.

<u>Beslenme Bilgisi:</u>Kalori: 133,6, Yağ:2,4 gr, Karb:4,6 gr, Protein:22 gr, Şeker:0,9 gr, Sodyum:510,4 mg

Balık Takoları Porsiyon: 4

Pişirme Süresi: 20 Dakika

İçindekiler:

Pişirme spreyi

1 yemek kaşığı zeytinyağı

4 su bardağı lahana salatası

1 yemek kaşığı elma sirkesi

1 yemek kaşığı limon suyu

Bir tutam acı biber

zevkinize biber

2 yemek kaşığı taco baharat karışımı

¼ bardak çok amaçlı un

1 pound morina filetosu, küpler halinde dilimlenmiş

4 mısır ekmeği

Talimatlar:

1. Hava fritözünüzü 400 derece F'ye ısıtın.

2. Fritöz sepetinize yağ püskürtün.

3. Bir kapta zeytinyağı, lahana salatası, sirke, limon suyu, acı biber ve karabiberi karıştırın.

4. Başka bir kapta taco çeşnisini ve unu karıştırın.

5. Balık küplerini taco baharat karışımıyla kaplayın.

6. Bunları fritöz sepetine ekleyin.

7. Yarısına kadar çalkalayarak 10 dakika havayla kızartın.

8. Mısır ekmeğini balık ve lahana salatası karışımıyla doldurun ve sarın.

Zencefilli Levrek Karışımı Porsiyon: 4

İçindekiler:

4 adet kemiksiz levrek filetosu

2 yemek kaşığı zeytin yağı

1 çay kaşığı. Rendelenmiş Zencefil

1 yemek kaşığı. Kıyılmış silantro

Karabiber

1 yemek kaşığı. balzamik sirke

Talimatlar:

1. Bir tavayı orta ateşte yağ ile ısıtın, balıkları ekleyin ve her iki tarafını da 5'er dakika pişirin.

2. Kalan malzemeleri ekleyin, her şeyi 5 dakika daha pişirin, her şeyi tabaklara bölün ve servis yapın.

<u>Beslenme Bilgisi:</u>Kalori: 267, Yağ:11,2 gr, Karb:1,5 gr, Protein:23 gr, Şeker:0,78 gr, Sodyum:321,2 mg

Hindistan Cevizli Karides Porsiyonu: 4

Pişirme Süresi: 6 Dakika

İçindekiler:

2 yumurta

1 su bardağı şekersiz kurutulmuş hindistan cevizi

¼ bardak hindistan cevizi unu

¼ çay kaşığı kırmızı biber

Dash acı biber

½ çay kaşığı deniz tuzu

Taze çekilmiş karabiber

¼ bardak hindistan cevizi yağı

1 pound (454 gr) çiğ karides, soyulmuş, kabuğu çıkarılmış ve kurumuşTalimatlar:

1. Yumurtaları küçük, sığ bir kapta köpürene kadar çırpın. Kenara koyun.

2. Ayrı bir kapta hindistancevizi, hindistancevizi unu, kırmızı biber, acı biber, deniz tuzu ve karabiberi iyice karışana kadar karıştırın.

3. Karidesleri çırpılmış yumurtalara bulayın, ardından karidesleri hindistancevizi karışımına bulayın. Fazlalıkları silkeleyin.

4. Hindistan cevizi yağını büyük bir tavada orta-yüksek ateşte ısıtın.

5. Karidesleri ekleyin ve ara sıra karıştırarak 3 ila 6 dakika veya et tamamen pembe ve opak hale gelene kadar pişirin.

6. Pişen karidesleri kağıt havlu serili bir tabağa alıp suyunu süzdürün. Sıcak servis yapın.

Beslenme Bilgisi:kalori: 278 ; yağ: 1.9g; protein: 19.2g; karbonhidrat: 5.8g; lif: 3.1g; şeker: 2.3g; sodyum: 556mg

Küçük Hindistan Cevizi Kabak Porsiyonlu Domuz Eti: 4

Pişirme Süresi: 35 Dakika

İçindekiler:

1 kiloluk domuz güveç eti, kuşbaşı

1 balkabagi, soyulmuş ve küp şeklinde

1 sarı soğan, doğranmış

2 yemek kaşığı zeytinyağı

2 diş sarımsak, kıyılmış

½ çay kaşığı garam masala

½ çay kaşığı hindistan cevizi, öğütülmüş

1 çay kaşığı pul biber, ezilmiş

1 yemek kaşığı balzamik sirke

Bir tutam deniz tuzu ve karabiber

Talimatlar:

1. Bir tavayı orta-yüksek ateşte yağ ile ısıtın, soğanı ve sarımsağı ekleyin ve 5 dakika soteleyin.

2. Eti ekleyin ve 5 dakika daha kavurun.

3. Kalan malzemeleri ekleyin, karıştırın, orta ateşte 25 dakika pişirin, tabaklara bölün ve servis yapın.

<u>Beslenme Bilgisi:</u>kalori 348, yağ 18.2, lif 2.1, karbonhidrat 11.4, protein 34.3